Lectura contemporánea de los clásicos

Saúl López Noriega y Rodolfo Vázquez

COORDINADORES

¿Por qué leer a Ferguson hoy?

editorial
fontamara

MONTABER

¿Por qué leer a Ferguson hoy?

Isabel Wences
José Hernández Prado
Julio Beltrán

MONTABER

Colección: Lectura contemporánea de los clásicos

¿Por qué leer a Ferguson hoy?
1.ª edición (2010), 2.ª edición (2016), Distribuciones Fontamara, SA, México,
ISBN 978-607-736-340-8
3.ª edición, octubre 2024

© Distribuciones Fontamara, SA
© de esta edición, ICG Marge, SL

Edita: Montaber
Director editorial: David Soler
Brutau, 160 – 08203 Sabadell (Barcelona)
Tel. 931 429 486 – montaber@montaber.es
www.montaber.es

ISBN: 978-84-10238-52-7

Presentación

Lectura Contemporánea de los Clásicos es un proyecto que surge de la inquietud por analizar la obra de destacados pensadores de la filosofía jurídica y política, y releerla a partir de los retos de las sociedades modernas. La idea es despertar la curiosidad por los clásicos, discutir su obra e insertarla en el debate contemporáneo, siguiendo siempre la máxima de Ítalo Calvino: "Un clásico es un libro que nunca termina de decir lo que tiene que decir".

Esta relectura, sobra subrayarlo, no pretende sacralizar autores ni convertir libros en escrituras sagradas. El propósito, por el contrario, es una revisión fresca y crítica del edificio teórico y conceptual de cada obra, sin olvidar el otro gran objetivo de la colección: los nuevos desafíos que enfrentan las democracias modernas y, en concreto, las asignaturas pendientes de la incipiente democracia mexicana. ¿Qué nos dicen los clásicos respecto de los poderes privados, el dinero en los procesos electorales, así como de los fenómenos de migración y pobreza? ¿Cuáles son las lecciones que puede aprender la joven democracia mexicana para sortear su maltrecho federalismo, su enclenque Estado de derecho y su frágil economía? ¿Qué provecho podemos obtener de los aciertos y visiones, pero también de los errores y miopías de los pensadores clásicos?

Con este libro *Lectura Contemporánea de los Clásicos* da continuidad a una serie de ensayos con el ánimo de que coadyuven a la discusión de estas y otras interrogantes que giran alrededor de los problemas sociales actuales; invitan a plantear y desarrollar los aspectos más relevantes del pensamiento de cada autor y, en última instancia, fomenten esa tradición que nutre sus meditaciones, propuestas y debates, a partir de los pensadores clásicos.

La pregunta que nos planteamos es muy sencilla: ¿por qué leer a Ferguson hoy?, ¿qué sentido tiene, en los albores del siglo XXI, acercarse a este pensador escocés? Éste fue el interrogante que lanzamos a tres agudos académicos, cuyas respuestas integran esta compilación.[*]

Una "consecuencia no intencionada" al momento de la organización del seminario sobre Ferguson fue el encontrarnos con tres estudiosos de la Ilustración escocesa, que en sus trabajos más especializados sobre el periodo han orientado sus investigaciones al análisis de tres de sus más ilustres representantes: Adam Ferguson, Thomas Reid y David Hume. La riqueza y variedad de propuestas, así como la discusión en la mesa redonda, se reflejan en cada uno de los ensayos de Isabel Wences, José Hernández Prado y Julio Beltrán, respectivamente.

Los coordinadores del seminario hemos querido conservar la pregunta que dio origen al mismo, cuya respuesta fue desarrollada en varias sesiones de análisis y debate a cargo de Isabel Wences. Esto explica la inclusión al final de la compilación de una bibliografía especializada en torno a la obra de Ferguson. Agradecemos a cada uno de los participantes su interés y generosa disposición para colaborar en este libro.

---

[*] Los textos presentados en esta edición fueron leídos en la mesa redonda, *¿Por qué leer a Ferguson hoy?*, que se llevó a cabo en el Instituto Tecnológico Autónomo de México (ITAM), Ciudad de México, 26 de febrero de 2009.

Isabel Wences

Isabel Wences

A Reinaldo

Adam Ferguson (1723-1816) no sólo fue testigo, sino también dinámico protagonista del Siglo de las Luces. En tanto escocés y filósofo formó parte de la espléndida Ilustración escocesa, fue amigo de Adam Smith, David Hume, William Robertson, John Millar, Alexander Carlyle y colega de Francis Hutchenson, Thomas Reid, Dugald Stewart, por mencionar únicamente a filósofos; como habitante del siglo XVIII conoció personalmente, entre otros, al Barón d'Holbach, a Voltaire y a Gibbon; como ciudadano fue un activo participante de la vida política; como capellán castrense formó parte de la fracción moderada de la Iglesia escocesa y vivió en carne propia la guerra, experiencias que se reflejaron en su férrea defensa de una milicia escocesa; como profesor universitario fue un reputado catedrático de filosofía natural y filosofía moral, cuyas aulas durante años estuvieron repletas de alumnos; como pensador dedicó gran parte de sus reflexiones a explorar vías de encuentro entre el clásico humanismo cívico y el emergente liberalismo, y como literato escribió numerosas obras, entre las que destacan *Principles of Moral and Political Science, The History of the Progress and Termination of the Roman Republic* y, la más conocida de todas, *An Essay on the History of Civil Society* que se consagraría como una de las obras más editadas y traducida a otros idiomas del siglo XVIII.[1]

Para responder a la pregunta de ¿por qué leer a Ferguson hoy? voy a seguir una estrategia que consiste en rescatar algunas aportaciones analíticas de distintas aproximaciones y conceptualizaciones teóricas. El objetivo es ensayar una narración ordenada de distintos enfoques desde los que contemporáneamente se ha recuperado el pensamiento de Ferguson e intentar ofrecer argumentos que inviten a otros a acercarse al pensamiento de este ilustrado escocés.

Dado el limitado espacio con el que cuento para realizar este escrito debo renunciar a la exhaustividad y, por tanto, me voy a centrar en la recuperación de únicamente dos enfoques.[2] Por un lado, un enfoque desde la sociología que pretende subrayar lo que el pensamiento de Ferguson ha significado para la ciencia social y, por otro lado, un enfoque que va de la mano de la teoría política contemporánea y que pone el acento en dos perspectivas: una liberal y una republicana.

El enfoque sociológico

Entre las diversas aproximaciones contemporáneas que se hacen al pensamiento de Adam Ferguson existe una que dirige su atención a observar sus contribuciones a la sociología.[3] Conviene

---

[1] Esta obra puede consultarse en español: (2010), *Un ensayo sobre la historia de la sociedad civil*, ed., introd. y trad. de María Isabel Wences Simon, Madrid, Akal [primera edición: 1767].

[2] Una exposición que abarca más lecturas y enfoques, aunque no únicamente centrados en Ferguson, puede verse en Mª. I. Wences Simon (2009), *Hombre y sociedad en la Ilustración escocesa*, México, Fontamara (Colección Biblioteca de Ética, Filosofía del Derecho y Política, núm. 108).

[3] Una versión más extensa y que abarca a otros pensadores de la Ilustración escocesa puede encontrarse en Mª. I. Wences Simon (2010), "La relevancia sociológica de la Ilus-

aclarar que cuando se hace referencia a las raíces de esta disciplina es pertinente distinguir entre los autores que reflexionaron sobre temas característicos de la sociología dentro de discursos no sociológicos –la llamada "teoría social heredada"–, como Aristóteles, Platón o Hobbes, y aquellos precursores que se aproximaron al análisis de la realidad social de forma sistemática, analítica y empírica –"a través de normas, principios y protocolos"–,[4] como es el caso de algunos ilustrados escoceses, entre los que se encuentra Adam Ferguson.

"Si se lee con atención" y con lupa de sociólogo a este ilustrado escocés es posible constatar que "no sólo es instructivo y útil, sino que puede sorprendernos con insospechadas sugerencias, puntos de vista e ideas que merecen atención y estudio".[5] Si uno realiza esta tarea podrá percatarse de que las páginas de Ferguson dedicadas a "temas sociológicos [...] son un triunfo no modesto sino de grandes proporciones".[6] Siguiendo esta lógica, podemos asegurar con Evans-Pritchard que la obra de este precursor de la ciencia social es "fascinante" porque ilustra, también, muchos "de los supuestos básicos que encontramos en la antropología social moderna".[7]

Hecho este breve preámbulo, conviene ahora acercarnos a los temas que cautivaron la atención de Ferguson y que le colocan como "una de las principales figuras en la historia del pensamiento sociológico".[8] Cuatro serán los conjuntos de aspectos en los que nos detendremos: su análisis histórico de la sociedad, su acento en las consecuencias no intencionadas de la

---

tración escocesa", en *Revista Internacional de Sociología*, núm. 68, vol. 4, enero-abril, pp. 37-56.

[4] L. Rodríguez-Zúñiga (1991), "El problema de los orígenes", en *Revista Española de Investigaciones Sociológicas*, 54, p. 201.

[5] D. Macrae (1969), "Adam Ferguson", en T. Raison (ed.), *Los padres fundadores de la ciencia social*, trad. de J. Cano Tembleque, Barcelona, Anagrama, p. 25.

[6] T. Bottomore y R. Nisbet (1978), *Historia del análisis sociológico*, Buenos Aires, Amorrortu, p. 46.

[7] E. Evans-Pritchard (1987), *Historia del pensamiento antropológico*, introd. de E. Gellner, Madrid, Cátedra, p. 58.

[8] *Idem.*

acción, la función social que otorga al conflicto y su particular percepción de la división del trabajo.

Conviene comenzar por subrayar que una de las preocupaciones centrales del escocés va a ser discernir la esencia de la naturaleza humana. Consideraba que para conocerla era necesario observar el comportamiento de los hombres, tanto en lo individual como en sus manifestaciones sociales y culturales. La observación sobre el proceder humano en sociedad debía, consideraba el escocés, realizarse de manera empírica y sistemática, aplicando al mundo social y a su análisis histórico los presupuestos metodológicos que Isaac Newton había exitosamente utilizado en su estudio de la naturaleza.

Con base en la observación, la experiencia y la inducción el autor de *Ensayo sobre la historia de la sociedad civil* explicó, al tiempo que rechazaba las especulaciones metafísicas, la evolución social de la humanidad y la sociedad en la que vivía; su conciencia de que la configuración de la sociedad es un proceso, resultado de fuerzas económicas, sociales e históricas que él intentaba identificar mediante una metodología empírica, le coloca en las raíces de la sociología temprana y de la moderna antropología social.

Ferguson hizo valiosas contribuciones al ámbito del estudio histórico y sentó las bases de las primeras teorías del desarrollo sociocultural. Así, por una parte, el auge del método científico desarrollado por Newton y el deseo por aplicar sus premisas al análisis del mundo social y, por otra parte, su deseo por estudiar la sociedad y la historia natural de la humanidad darían lugar a nuevas teorías sobre la sociedad y sus orígenes en direcciones opuestas a la teoría del contrato social, así como a una curiosidad científica por las costumbres y constituciones de otros pueblos, a estudios de política comparada y al desarrollo de la teoría antropológica.

Para llevar a cabo sus investigaciones sobre el desarrollo histórico de la sociedad, Ferguson recurrió a distintas fuentes. El mundo contemporáneo y "civilizado" de Escocia y Europa, en el que él vivía; el mundo contemporáneo "salvaje" de América,

Asia y Polinesia, narrado por los viajeros, y el mundo antiguo, descrito por pensadores de otras épocas a los que el escocés leía perseverantemente.

La primera de estas fuentes se nutría de la experiencia directa del ilustrado, en tanto que las otras se abastecían de observaciones indirectas o secundarias. En consecuencia, intentó ser prudente con el uso de los datos y testimonios que obtenía por estas vías. Ser cauteloso se correspondía con su pretensión de ser un científico social, una actividad que le colocó como actor central de la "revolución historiográfica" de principios del siglo XVIII.

Su particular forma de búsqueda y análisis de la información, por una parte, da forma a las primeras aproximaciones de corte estadístico; y, por la otra, da cuenta de que Ferguson practicó con solidez los esbozos de lo que hoy se denomina método comparado, que en sí mismo conllevaba la idea del cambio social.[9]

Ferguson tenía un especial interés en comprender la dinámica y el cambio social, lo que le llevaría a analizar los complejos mecanismos económicos, sociales y políticos que han hecho y hacen funcionar a las sociedades. Para interpretar el desarrollo sociocultural y político, el escocés se hizo eco de las explicaciones de otros ilustrados y eligió como instrumento analítico grandes etapas "típico-ideales"; instrumento que se daría posteriormente a conocer como la teoría de los estadios del desarrollo social. Esta forma de aproximación al estudio del desarrollo sociocultural dominó una parte considerable del pensamiento socioeconómico europeo de la segunda mitad del siglo XVIII y llegaría a tener un "significado crucial en el desarrollo posterior de la economía, la sociología, la antropología y la historiografía".[10]

Para dilucidar las causas que condujeron a la transformación de un tipo de sociedad a otra, Ferguson examinó las principales instituciones y los mecanismos centrales que impulsaban el

---

[9] C. Berry (1997), *Social Theory of the Scottish Enlightenment*, Edinburgo, Edinburgh University Press, p. 62.

[10] R. L. Meek (1981), *Los orígenes de la ciencia social. El desarrollo de la teoría de los cuatro estadios*, Madrid, Siglo XXI.

cambio social. Muchas de las explicaciones sobre la configuración sociocultural, política e institucional ofrecidas por Ferguson, pueden considerarse como pilares de una posterior ciencia de los cambios culturales e históricos de la sociedad, como son las relaciones entre la acción humana y la estructura social o las consecuencias sociopolíticas de la evolución histórica. Con estas contribuciones emergían las primeras propuestas sistemáticas de la idea de sociedad como un sistema organizado y desarrollado mediante leyes y estadios. Esta reconstrucción, explicada con base en la llamada historia natural de la sociedad, fue, sin duda, uno de los mayores logros de Ferguson y la Ilustración escocesa, y permite "apreciar el primer brote de la teoría social moderna",[11] a la que deben mucho los padres fundadores de la sociología del siglo XIX.

El segundo conjunto de temas en los que resulta conveniente detenerse, en este enfoque de las aportaciones de Ferguson a la sociología, es el que comprende sus aportaciones a la idea de que el orden social es el resultado de actos y procesos, cuyas consecuencias ejercen un significativo impacto en la dinámica social y en la configuración institucional. Su acento en que los órdenes sociales complejos, el lenguaje, la propiedad, el comercio, la legalidad, los rangos y el gobierno, son el resultado de consecuencias no previstas de acciones individuales, y su insistencia en que la configuración social y la transformación institucional, junto con su complejo sistema de normas, jurídicas y morales, son el efecto de causas naturales y culturales y no de un diseño racional, tendrían alcances de significada enver-gadura.

Para él, los hombres pueden elegir racionalmente sus objetivos, pero en general no suelen ser conscientes de que los resultados alcanzados pueden ir en direcciones diferentes a las de sus intenciones iniciales o, incluso, en sentido completamente opuesto; ni tampoco de que si alguna de sus aspiraciones particulares llega

---

[11] A. Callinicos (1999), *Social Theory. A Historical Introduction*, Cambridge, Polity Press, p. 24.

a cumplirse se está abriendo, a su vez, el camino para la realización de nuevas pretensiones.

Los resultados de los actos de los hombres se encuentran condicionados por las actividades que éstos realizan dentro del conjunto de la sociedad; resultados que escapan a su control y que en muchas ocasiones no puede prever, pero que termina por reconocer. En muchas ocasiones, los hombres son conducidos a fomentar un fin que originalmente no formaba parte de su intención. La noción de las consecuencias no intencionadas de la acción, que algunos profesores denominan como "la heterogeneidad de los fines" y otros como la "generación espontánea"[12] o el "orden espontáneo",[13] alude a diversas instituciones y prácticas sociales. Los términos en los que se lleva a cabo esta discusión en ocasiones se refieren a un proceso, mientras que en otras a un resultado y en otras más a una explicación sobre la manifestación de un resultado. Ferguson, subraya Heath, se está refiriendo tanto a una consecuencia como a un proceso.[14]

La percepción del orden social como resultado de un largo proceso de aprendizaje y de una evolución natural, sea accidental o sea espontánea, de la especie, junto con la interpretación de que la configuración institucional, si bien fruto de una actividad plural, no era consecuencia de ciertas directrices o planes inteligentes previos, llevó a Ferguson a tomar distancia de aquella explicación de acuerdo con la cual las instituciones y el orden social son el resultado de las decisiones de un "Sabio Legislador" y de las construcciones racionales que sostienen que la sociedad civil es fruto de previa convención. Para autores

---

[12] Véase D. Forbes (1966), Introducción a *An Essay on the History of Civil Society* de A. Ferguson, Edimburgo, Edinburgh University Press, p. XXIII.

[13] Véase L. Hill (2001), "The Puzzle of Adam Ferguson's Political Conservatism", en *Eighteenth-Century Scotland*, núm. 15, primavera, pp. 12-17.

[14] E. Heath (2009), "Ferguson and the Unintended Emergence of Social Order", en Eugene Heath y Vicenzo Merolle (eds.), *Adam Ferguson: Philosophy, Politics and Society*, Londres, Pickering & Chatto, pp. 158.

como Hamowy, es en estas consideraciones que se encuentra la aportación sociológica más significativa de Ferguson.[15]

Desde que se hiciera este planteamiento, se generaría un amplio consenso en torno a la idea de que todo hecho social debe comprenderse dentro de su contexto físico, moral y cultural y de que las instituciones sociales altamente complejas no son necesariamente el resultado de un designio intencional; sin duda, nos encontramos ante planteamientos que sembraron las semillas y nutrieron a las ciencias sociales.

Para ilustrados como Ferguson, las interpretaciones que recurren a un Gran Hombre, o a un Sabio Legislador, no ofrecen una adecuada explicación sobre la configuración de las instituciones sociales; el escocés considera que el supuesto vínculo entre intención e institución es endeble. No niega que los hombres tengan intenciones, incluso admite que pueda existir un grado significativo de la acción deliberada en la vida política. Sin embargo, la acción individual intencionada no es una explicación sólida cuando se trata de instituciones. Probablemente, Ferguson sea el ilustrado escocés que más puntualmente acentuara esta particularidad; hay quienes incluso afirman que es en el *Ensayo sobre la historia de la sociedad civil* donde se encuentra "la formulación más avanzada de la ley de las consecuencias involuntarias de todo el medio siglo XVIII".[16]

En su *Ensayo*, el ilustrado sostiene que las instituciones sociales y políticas aun cuando son "el resultado de actos humanos" no lo son "de la ejecución de un designio humano".[17] Con estas palabras dejaba claramente inscrita la idea de que la configuración institucional es consecuencia de la acción involuntaria de los hombres, y no el resultado de algún cálculo racional o de la

---

¹⁵ R. Hamowy (1987), *The Scottish Enlightenment and the Theory of Spontaneous Order*, prefacio de Ian Ross, Carbondale & Edwardsville, Southern Illinois University Press, p. 3. Véase también R. Hamowy (2005), *The Political Sociology of Freedom: Adam Ferguson and F.A. Hayek*, Cheltenham, UK, Edward Elgar.

¹⁶ R. L. Meek (1981), *Los orígenes de la ciencia social...*, p. 147.

¹⁷ A. Ferguson (2010), *Un ensayo sobre la historia...*, p. 174.

decisión de un poder omnisciente, lo que demolía el mito del sabio legislador.

Un tercer aspecto que conviene subrayar en este enfoque centrado en las aportaciones de Ferguson a la sociología, es el acento en la función social del conflicto. Adam Ferguson es el ilustrado escocés que más se ocupó de los alcances de la hostilidad natural en la configuración social; a lo largo de su *Ensayo sobre la historia de la sociedad civil* se constata la importancia del conflicto para la supervivencia institucional y el mantenimiento de la cohesión social. En mi libro *Sociedad civil y virtud cívica en Adam Ferguson* he abordado este tema con detalle y he señalado que la existencia del conflicto es inevitable; lo que varía es la percepción que se tenga de éste y la forma e intensidad con las que se presenta, una diversidad que puede tener resultados que van desde lo más destructivo a lo más constructivo.[18] Ferguson es quizá "el primer pensador en subrayar de manera categórica los efectos positivos del conflicto",[19] al destacar los beneficios que genera para el desarrollo social y el mantenimiento de la sociedad civil. Esta afirmación es de suma importancia, no sólo porque da cuenta de una exposición que en su tiempo fue original, sino además porque separaba al escocés "de las posiciones habituales del siglo en el que vivió".[20] Ciertamente, la propuesta de Ferguson sobre el conflicto y la hostilidad natural cambia el énfasis aristotélico –y después hobbesiano– del deseo por la tranquilidad social; su discurso se aleja de los que ven en el conflicto la razón por la cual se debe abandonar el estado de naturaleza y erigir la sociedad civil. La querella de Ferguson, sintetiza Pascuale Salvucci, es contra aquellos que, a su entender, han "interpretado erróneamente el verdadero significado y la naturaleza misma del orden de la

---

[18] Mª. I. Wences Simon (2006), *Sociedad civil y virtud cívica en Adam Ferguson*, Madrid, Centro de Estudios Políticos y Constitucionales, pp. 154-160.

[19] L. Hill (1996), "Anticipations of Nineteenth and Twentieth-Century Social Thought in the Work of Adam Ferguson", en *Archives Européennes de Sociologie*, vol. 1, núm. 37, p. 215.

[20] G. Bryson (1968), *Man and Society: The Scottish Inquiry of the Eighteenth Century*, Nueva York, Augustus M. Kelley, pp. 49-50.

sociedad civil [...] al afirmar que la revuelta y el conflicto entre las partes y las fracciones son la causa del desorden social". Para Ferguson, en cambio, "el orden social nace del propio conflicto y de la oposición entre las partes".[21] La nota característica de este razonamiento es que no está en la órbita de las preocupaciones de la jurisprudencia natural,[22] sino en la esfera del discurso sociológico. Podría decirse, incluso, que anticipa a Simmel casi un siglo y medio, al sostener que el conflicto es útil; más aún, esencial como elemento estructurador de la sociedad. Son estas afirmaciones, y el consiguiente alejamiento del contractualismo racionalista propio de Hobbes, las que llenan de contenido los argumentos de quienes consideran que el tratamiento de Ferguson sobre el papel del conflicto y sus consecuencias no intencionadas es uno de los primeros peldaños del camino hacia la sociología de los siglos XIX y XX.[23]

En cuarto y último lugar, también tiene un halo sociológico la particular lectura que el ilustrado escocés hace de la división del trabajo. La explicación sobre "la naturaleza, el desarrollo y los efectos de la especialización merecen una atención especial" porque Ferguson es "el primer pensador en criticar que la sociedad

---

[21] P. Salvucci (1972), *Adam Ferguson: Sociologia e Filosofia Politica*, Urbino, Argalìa Editore, pp. 546-547.

[22] Justo es aclarar que Hobbes, con su representación de la vida "natural" como algo hostil y violento, no podría haber aceptado ninguna otra razón para esta motivación, pero Locke, aunque se refiere a la "corrupción y maldad de hombres degenerados", no considera que los hombres son siempre así en su condición natural y arguye que existen otras razones para salir del estado de naturaleza y establecer el gobierno civil.

[23] Diversos son los autores que han analizado a Ferguson y el papel del conflicto como elemento de cohesión social, subrayando que su tratamiento puede considerarse como uno de los preámbulos a la llegada sistematizada de la sociología. En esta dirección, véase F. Ferrarotti (1984), "Civil Society and State Structure in Creative Tension: Ferguson, Hegel, Gramsci", en *State, Culture and Society*, núm. 1, vol. 1, p. 8; W. C. Lehmann (1930), *Adam Ferguson and the Beginnings of Modern Sociology*, Nueva York, Columbia University Press, pp. 198-106. Autores como Lisa Hill se atreven incluso a subrayar que Ferguson había advertido temas que más tarde serían ampliamente desarrollados no sólo por Simmel, sino también por Elias, Coser, Weber y Marx. L. Hill (2001), "Eighteenth-Century Anticipations of the Sociology of Conflict: The Case of Adam Ferguson", en *Journal of the History of Ideas*, vol. 2, núm. 62, p. 299.

18

comercial puede originar como efecto la alienación".[24] Para él, uno de los efectos no intencionados del desarrollo social, consecuencia de una sociedad comercial, es que los hombres van cada día asemejándose más a una máquina, desmantelando poco a poco sus poderes mentales y convirtiéndose en meros instrumentos de trabajo.

Este ilustrado escocés se da cuenta de los desastrosos efectos que la división del trabajo puede causar al carácter humano y denuncia que el establecimiento del "hombre máquina" puede derivar en dos graves consecuencias. Por un lado, en elevados costos para la cohesión de la vida social; y, por el otro, en el riesgo de corromper el espíritu público. De esta manera, la división del trabajo, aun ahí donde podría justificarse debido a las exigencias del progreso, produce incomunicación e indiferencia; cuando esto ocurre el hombre se paraliza y ve mermada su condición activa. Una vez aquí, se está muy próximo al momento en el cual el individuo pierde la conciencia de pertenecer al todo y el sentido del bien público.

Ferguson pone el acento en las peligrosas consecuencias a las que puede conducir la excesiva especialización y utiliza, como variables explicativas, elementos de la estructura social, mostrando con ello una ingeniosa "astucia sociológica".[25] En un artículo más reciente, Brewer vuelve sobre esta idea y pone el acento en la relación entre la estructura social y la sociedad comercial

---

[24] L. Hill (2007), "Adam Smith, Adam Ferguson and Karl Marx on the Division of Labour", en *Journal of Classical Sociology*, vol. 7, núm. 3, p. 349.

[25] J. Brewer (1989), "Conjectural History, Sociology and Social Change in Eighteenth-Century Scotland: Adam Ferguson and the Division of Labour", en D. McCrone, S. Kendrick y P. Straw (eds.), *The Making of Scotland: Nation, Culture and Social Change*, Edimburgo, Edinburgh University Press & The British Sociological Association, p. 19. Interpretaciones similares pueden encontrarse en T. Benton (1990), "Adam Ferguson and the Enterprise Culture", en P. Hulme y L. Jordanova (eds.), *The Enlightenment and its Shadows*, Londres y Nueva York, Routledge, pp. 111-114; D. Macrae (1969), "Adam Ferguson", en T. Raison (ed.), *Los padres fundadores de la ciencia social*, Anagrama, Barcelona; y, A. Swingewood (1970), "Origins of Sociology: the Case of the Scottish Enlightenment", en R. Boudon, M. Cherkaoui y J. Alexander (eds.), *The Classical Tradition in Sociology: the European Tradition*, Londres, Sage, pp. 135-151.

o sociedad pulida, especialmente en los factores negativos que resultan de esta conexión. Brewer alude a la denuncia por parte de Ferguson de que la sociedad comercial, si bien trae beneficios, también puede conducir a peligros derivados de una desigualdad sistémica, que en los sociólogos del siglo xix se manifestaría como alienación, anomia, explotación, conflicto y división social del trabajo. Desde esta perspectiva, señala este autor, Ferguson se alejaba de la idea de que la sociedad civil comercial traería necesariamente consigo la paz, la libertad y la benevolencia.[26]

Las críticas de Ferguson sobre las devastadoras repercusiones de la división del trabajo se constituirán en el preludio de las denuncias que sociólogos de los siglos posteriores realizarán sobre las implicaciones sociales y humanas que este proceso produce en las sociedades industriales. Probablemente, uno de los aspectos más frecuentemente citado de lo que podrían ser las herencias sociológicas de Ferguson, es la idea de que en su pensamiento se encuentran indicios de lo que posteriormente Marx daría a conocer como la alienación. Desde esta perspectiva sociológica, señala Hill, el análisis de Ferguson es mucho más rico que el de Adam Smith y constituye el primer desarrollo profundo acerca de los efectos de la especialización.[27] Las reflexiones de Ferguson sobre la división del trabajo constituyen una dieciochesca semilla sociológica que fortalece las raíces de un fruto que "definitivamente anticipa e influye en Saint Simon, Comte, Spencer y Durkheim".[28]

Para concluir, pueden ser ilustrativas las palabras de Brewer, quien considera que el trabajo de Ferguson muestra una cons-

---

[26] A. Brewer (2007), "Putting Adam Ferguson in His Place", en *British Journal of Sociology*, núm. 58, p. 107.

[27] L. Hill, "Adam Smith, Adam Ferguson and Karl Marx on the Division of Labour", en *op. cit.*, p. 348.

[28] W. C. Lehmann (1930), *Adam Ferguson and the Beginnings of Modern Sociology*, Nueva York, Columbia University Press, p. 187. También Gautier comparte la percepción de que el "modelo de Durkheim de la división del trabajo social se encuentra totalmente contenido en las dos últimas partes del Ensayo". C. Gautier (1992a), "Introducción" a *Essai sur l'histoire de la société civile* de A. Ferguson, París, Presses Universitaires de France, p. 86.

tante tensión, a veces subestimada o ignorada por las interpretaciones sociológicas del siglo XIX, entre el lenguaje del humanismo cívico, centrado en la virtud y la ciudadanía, y el posterior discurso sobre la estructura social, referente a la propiedad privada, la estratificación social, el poder, la explotación industrial y la alienación que produce la división del trabajo. Lo interesante aquí "es que su humanismo cívico toma una dirección sociológica" y esto es lo que le distingue, sintetiza Brewer, de algunos de "sus contemporáneos escoceses cuyo humanismo cívico toma la dirección de la economía política clásica".[29]

El enfoque político

En esta segunda parte del trabajo voy a acercarme a las ideas políticas de Adam Ferguson. Esta labor requiere dirigir la mirada a dos doctrinas políticas que presentan entre ellas ejes de convergencia, pero también tensiones: la liberal y la republicana.

Perspectiva liberal

Algunas de las ideas políticas del autor del *Ensayo* han cautivado la atención de uno de los representantes más acreditados del pensamiento liberal conservador, el premio *Nóbel* de economía Friedrich Hayek, quien reconoce que ha recibido una notable influencia de los ilustrados escoceses y, en particular, de Adam Ferguson y de Adam Smith.

Hayek considera que existen dos tradiciones de la teoría de la libertad. Una se cimienta en el racionalismo francés (pero incluyendo a Hobbes) y encuentra la naturaleza de la libertad en la "persecución y consecución de un propósito colectivo absolu-

---

[29] J. Brewer (1987), "The Scottish Enlightenment", en A. Reeve (ed.), *Modern Theories of Exploitation*, Londres, Sage, p. 24.

to"; mientras que la otra se basa en el empirismo británico (pero incluyendo a Montesquieu, Constant y Tocqueville) y ubica la esencia de la libertad "en la espontaneidad y en la ausencia de coacción".[30] Hayek subraya que esta última se hace manifiesta en un grupo de filósofos morales escoceses y antirracionalistas, entre los que destacan David Hume, Adam Smith y Adam Ferguson.

La explicación que estos ilustrados realizan sobre el desarrollo de la civilización constituye para el autor de *Los fundamentos de la libertad* el "basamento indispensable de toda libertad". La clave de la distinción entre estas dos tradiciones está en que la primera, percibida como un liberalismo falso, "sería un constructivismo, una teoría de la sociedad que intenta diseñarla, una "ingeniería social", mientras que la segunda, el llamado liberalismo verdadero, reconocería el hecho del nacimiento espontáneo de muchas instituciones humanas, como fruto de acciones no intencionales de los hombres".[31] Conviene tener presente, sostiene el premio *Nóbel,* que la civilización es el resultado de las acciones humanas, o por mejor decir, "de las acciones de unos pocos centenares de generaciones", lo cual significa, entonces, que la civilización no es el resultado de los "designios humanos o que incluso los hombres sepan de qué depende su funcionamiento y continuada existencia".[32]

Esta idea, recuperada del pensamiento de Ferguson, cobra una especial relevancia para Hayek, quien considera que es fundamental alejarse de aquellas posiciones intelectuales que consideran que el hombre es capaz de diseñar racionalmente el complejo sistema de normas jurídicas y morales que rigen el mundo. Para demostrar que el origen de las instituciones no es el fruto del designio, Hayek aduce que es necesario conocer la historia de la humanidad. Esta labor corresponde hoy en día a la etología y a la antropología cultural, disciplinas que, sin duda,

---

[30] F. Hayek (1998), *Los fundamentos de la libertad,* Madrid, Unión Editorial, pp. 84-85.

[31] R. Crespo (1997), "Libertad, orden espontáneo y equilibrio económico en F.A. Hayek", en *Persona y Derecho,* núm. 37, p. 134.

[32] F. Hayek. *Los fundamentos de la libertad,* p. 48.

deben bastante a la investigación social realizada por los filósofos escoceses del siglo XVIII. Hayek considera que fueron ellos,
guiados por Adam Smith y Adam Ferguson, los que ofrecieron
respuestas coherentes y sensatas a esta necesidad mediante el
"desarrollo de una teoría social coherente".[33]

Hakek advierte que en este aspecto son fundamentales las
aportaciones del autor del *Ensayo sobre la historia de la sociedad
civil*, en concreto, su idea antirracionalista de que "las instituciones son el resultado de actos humanos y no la ejecución de un
designio humano".[34] Esta frase, una de las más citadas de todo el pensamiento de Ferguson, ejerció tal impacto en Hayek que
la colocó como epígrafe de uno de los apartados de su obra *Studies in Philosophy, Politics and Economics*.[35]

El profesor de la Universidad de Chicago manifiesta que la
actitud antirracionalista de Ferguson –así como de Hume y Smith– respecto del acontecer histórico, coadyuvó a que se entendie-
ran "por vez primera la evolución de las instituciones, la moral,
el lenguaje y la ley de acuerdo con un proceso de crecimiento
acumulativo",[36] gracias a la sucesión de actos humanos y no
como resultado de un proyecto predeterminado. Para Ferguson
–y otros ilustrados escoceses–, la configuración, organización y
ordenación de la esfera social no requiere de la presencia de un
diseñador. Evidentemente, esta postura conlleva a su vez el rechazo tajante a quienes defendían la existencia de "legisladores
y fundadores de los Estados"; la noción de sociedad que tenían
en mente los ilustrados escoceses iba en contra de aquel contexto
intelectual que mantenía la figura de un sabio legislador, de un
Rómulo o un Licurgo. Fue tal la repercusión de esta discrepan-
cia que Duncan Forbes expresó que la destrucción del mito del

---

[33] F. Hayek (1985), *Derecho, legislación y libertad*, vol. I, Madrid, Unión Editorial,
p. 53.

[34] A. Ferguson, *Un ensayo sobre la historia de la sociedad civil*, p. 174.

[35] F. Hayek (1967), *Studies in Philosophy, Politics and Economics*, Chicago, Londres,
The University of Chicago Press y Routledge & Kegan Paul, capítulo 6, pp. 96-105.

[36] F. Hayek. *Los fundamentos de la libertad*, p. 86.

legislador fue uno de los alcances más originales y osados de la Ilustración escocesa.[37]

Hayek había encontrado un hilo argumental para argüir que Ferguson, y con él otros ilustrados escoceses, podían erigirse como los fundadores de la teoría liberal "verdadera", aquella que ubica la esencia de la libertad "en la espontaneidad y en la ausencia de coacción".[38] Sin embargo, este último aspecto ha sido en ocasiones tergiversado por algunos interpretes del pensamiento de Hayek que no han detectado la necesidad de matizar ciertas ideas. Hayek es perfectamente consciente de que Ferguson y otros escoceses no hicieron una falsa suposición acerca de la armonía natural de los intereses, más bien reconocieron la diversidad, la complejidad y las imperfecciones de la sociedad civil y plantearon que una sociedad libre requiere, para garantizar su condición, de la vigilancia del Estado de derecho.[39] Esta matización tiene su punto de partida en la dicotomía ley/libertad que ha enfrentado a lo largo de la historia a quienes abogan por su identificación con quienes creen en su incompatibilidad; para los ilustrados escoceses, así como para una larga lista de filósofos, la ley y la libertad no pueden existir aisladamente. El premio *Nóbel* se percató de que los escoceses abrían las puertas al marco de acción del Estado; en efecto, lejos estaban los literatos –incluido Smith– de creer, como han desnaturalizado muchos lectores modernos, que un "sistema de libertad natural" podría imponerse por sí mismo; el intrincado andamio político y legislativo era imprescindible, es decir, "la mano *visible* del Estado y las instituciones".[40] Resulta muy revelador que una figura como la de Hayek no pasara por alto la importancia que los escoceses adjudicaron a

---

[37] D. Forbes (1966), Introducción a *An Essay on the History of Civil Society* de Adam Ferguson, Edimburgo, Edinburgh University Press, p. 24.

[38] F. Hayek (1998), *Los fundamentos de la libertad*, pp. 84-85.

[39] Véase F. Hayek (1978), *New Studies in Philosophy, Politics, Economics and History of Ideas*, Londres, Routledge & Kegan Paul, pp. 135-136; y F. Hayek, *Derecho, legislación y libertad*, vol. II, p. 134.

[40] C. Rodríguez Braun (1994), Estudio preliminar a *La riqueza de las naciones* de A. Smith, Madrid, Alianza, p. 15.

la complejidad institucional y fuese consciente de sus propuestas para afrontarla.

Para cerrar este enfoque conviene recordar que si bien las ideas políticas de Ferguson han sido leídas desde el pensamiento liberal, también es posible encontrar autores que leen al ilustrado escocés desde los parámetros del pensamiento republicano.

Perspectiva republicana

En años recientes, Adam Ferguson ha alcanzado un importante reconocimiento en el mundo académico, debido en gran parte al auge de la literatura y el debate en torno a la sociedad civil y la recuperación del pensamiento republicano. Es en este escenario donde se enmarca la presente perspectiva republicana.

Richar Sher, especialista en el pensamiento de la Escocia dieciochesca, señala que "un interesante análisis sobre la Ilustración escocesa basado en el paradigma del humanismo cívico/republicanismo clásico" encuentra sus raíces en los trabajos de Caroline Robbins.[41] Continuando con esta aproximación, J.G.A. Pocock ha hecho un exhaustivo estudio sobre los antecedentes y alcances de la historia de las ideas políticas del siglo XVIII británico, centrándose en un discurso republicano que adopta la forma de una enérgica querella contra quienes creen que la modernidad es fruto de un pensamiento exclusivamente liberal. En su libro *The Machiavellian Moment* (y en otros trabajos posteriores), Pocock pone el acento en la existencia, a todo lo largo de la Época Moderna, de una tradición política republicana de connotación cívica y humanista que tiene sus raíces en la Antigüedad y en el Renacimiento.[42] Dicha tradición nace a finales de la Edad Media

---

[41] C. Robbins (1961), *The Eighteenth-Century Commonwealth*, Cambridge y Massachusetts, Harvard University Press; R. B. Sher (1985), *Church and University in the Scottish Enlightenment: The Moderate Literati of Edinburgh*, Edimburgo, Edinburgh University Press, p. 364.

[42] J.G.A. Pocock (1975), *The Machiavellian Moment: Florentine Thought and the Atlantic Republican Tradition*, Princeton, Princeton University Press.

como consecuencia de las luchas de las ciudades italianas contra los deseos de dominación del Imperio, pasa por la Gran Bretaña de los siglos XVII y XVIII y llega a los orígenes de la Revolución americana.[43]

El libro de Pocock nace, como él mismo lo apunta, de una insatisfacción historiográfica con aquellos que han vestido a las ideas políticas modernas con el ropaje del liberalismo, despojándolas de cualquier otra vestimenta. Desde su particular punto de vista, esta perspectiva deforma la realidad y conduce a abordar la cuestión de las raíces de algunas ideas políticas por un sendero que otorga prioridad a lo jurídico en detrimento de lo político. En otras palabras, gran parte de los historiadores de las ideas políticas han tendido a poner el acento en los derechos relegando la importancia de los deberes. Para Pocock, la historiografía tradicional ha aminorado la importancia de textos y momentos que parecían no contribuir de manera decisiva a la fundación del vocabulario de la jurisprudencia natural.

Para comprender esta crítica, conviene recordar que el vocabulario de la jurisprudencia natural puede sintetizarse en nacimiento del gobierno de la ley, exigencia del consentimiento a la autoridad como condición de legitimidad, limitación de las competencias del Estado y protección de los derechos individuales. Por su parte, el lenguaje republicano se enfoca más hacia temas tales como autonomía, espíritu cívico, rechazo del lujo y de los ejércitos profesionales, repudio a la especialización de las funciones, crítica a la representación, elogio de la participación activa de todos los ciudadanos en la defensa y ejercicio del poder, rotación de funciones y precauciones para evitar que los gobiernos utilicen sus funciones políticas para fines privados y degeneren en la corrupción.

---

[43] En la tercera parte de esta obra, Pocock hace un seguimiento de la historia del "momento maquiaveliano" en el pensamiento británico y americano de los siglos XVII y XVIII, con el fin de mostrar que la tradición política de los países de lengua inglesa es portadora de conceptos y de valores republicanos y maquiavelianos, así como constitucionales, lockeanos y burkeanos.

En su estrategia para revertir la creciente tendencia a ignorar el vocabulario del lenguaje republicano en las ideas políticas, Pocock hace una lectura profunda de algunos ilustrados escoceses y encuentra indicios que le permiten argumentar que su inclinación no es siempre la de celebrar los beneficios del naciente liberalismo, porque también fueron conscientes de que éste llevaba consigo un proceso de pérdida de virtud, libertad y humanidad. Algunos de estos ilustrados, como Adam Ferguson, fueron más allá de una simple constatación y denunciaron los peligros a los que podía conducir esta pérdida.

Pensadores como Adam Ferguson, arguye Pocock, además de compartir algunos temas propios del lenguaje liberal de la jurisprudencia natural, está preocupado por asuntos propios del terreno ético y político. Como ya he advertido en otro sitio,[44] a lo largo de su *Ensayo sobre la historia de la sociedad civil* es posible advertir que le inquietan cuestiones como ¿en qué medida han sido afectadas la libertad y la virtud con el nacimiento de sociedades donde los individuos se contentan con estar representados sin participar directamente en la dirección de sus asuntos comunes y en la defensa del Estado? ¿Cuál es el destino de la virtud en una sociedad que se centra cada día más en el crédito, la especulación y el interés propio? O, ¿qué será del hombre en un mundo poblado exclusivamente por comerciantes? Por tanto, apunta el autor, la lectura republicana permite hablar un poco menos de problemas propios de la jurisprudencia natural y analizar con más detalle el debate sobre el estatuto de la libertad política y de la virtud en las sociedades de mercado.[45]

Conviene dejar claro que Pocock no niega la importancia de las ideas políticas de los padres fundadores del liberalismo, ni mucho menos propone remplazarlas por otras. Su objetivo es el

---

[44] Mª. I. Wences Simon, *Hombre y sociedad en la Ilustración escocesa*.

[45] J. G. A. Pocock (1983), "Cambridge Paradigms and Scotch Philosophers: a Study of the Relations between the Civil Humanist and the Civil Jurisprudential Interpretation of Eighteenth-Century Social Thought", en I. Hont y M. Ignatieff (eds.), *Wealth and Virtue. The Shaping of Political Economy in the Scottish Enlightenment*, Cambridge. Cambridge University Press, p. 235.

de sacar a la luz que los orígenes intelectuales de las sociedades democráticas contemporáneas no deben buscarse únicamente en el universo de los derechos, sino también en el largo debate sobre la necesidad de poseer un carácter virtuoso que se ocupe de la práctica de la ciudadanía activa en el sentido grecorromano del término.[46] Y éste es, en efecto, un tema que preocupaba enormemente a Ferguson y a otros literatos de la Ilustración escocesa.

Siguiendo esta línea, Craig Smith nos recuerda que Ferguson distinguía entre dos formas de conocimiento. El conocimiento que se obtiene a través de la educación, del aprendizaje obtenido mediante los libros; y el conocimiento obtenido por medio del ejercicio activo, un ejercicio que se aplica en la vida práctica y que se constituye en eje del perfeccionamiento humano y del florecimiento de la civilización. "El perfeccionamiento humano no proviene del estudio de los libros, sino del compromiso activo con la vida".[47] En el lenguaje estoico de Ferguson se puede leer que "la vida activa" es la escuela "de la sabiduría y la virtud".[48] Y esta idea de la vida activa como escuela, se presenta una y otra vez a lo largo de sus escritos.

En las sugerentes páginas de la obra de Pocock se tiene la oportunidad de constatar que para él la Ilustración escocesa es una segunda versión del "momento maquiaveliano". Se parte de la tensión ideológica, con su correspondiente representación

---

[46] Para comprender los argumentos de Pocock, conviene recordar que en la tradición republicana el fin de la política es ante todo la práctica de la virtud; el hombre es un ciudadano antes que un comerciante y un productor. Lejos de que la sociedad civil deba su génesis a la necesidad de proteger la propiedad, de garantizar los frutos del trabajo y de coadyuvar al crecimiento de la riqueza, la propiedad aparece como una condición subordinada (si bien esencial) de la existencia política; a diferencia del pensamiento liberal, la propiedad es importante en la medida en que el hombre debe ser propietario para ser ciudadano, porque solamente la posesión de la tierra le asegura la independencia necesaria para practicar de manera autónoma el ejercicio de la ciudadanía que lo define como hombre. Véase J. G. A. Pocock (1985), "Authority and Property, the Question of Liberal Origin", en *Virtue, Commerce and History*, Cambridge, Cambridge University Press, p. 51-72.

[47] C. Smith (2006), "Adam Ferguson and the Danger of Books", en *Journal of Scottish Philosophy*, núm. 4, vol. 4, p. 100.

[48] A. Ferguson (1973), *Principles of Moral and Political Science*, prefacio a cargo de Lawrence Castiglione, Nueva York, Ams Press [primera edición: 1792], vol. I, p. 178.

política, entre virtud y comercio que en el "momento maquiaveliano" supone un antagonismo entre virtud y fortuna y entre virtud y corrupción.[49] En efecto, esta confrontación entre virtud y corrupción, la percibe Pocock en la Gran Bretaña del siglo XVIII, pero reflejada en una nueva dicotomía: virtud y comercio. Si la corrupción surge cuando se abandonan las cuestiones públicas y las miradas se dirigen exclusivamente a los intereses privados, lo que se presenta es una incapacidad de los hombres por dedicarse al bien común y una consecuente tendencia por anteponer sus intereses a los de la comunidad.

Conviene ahora explorar en el pensamiento de Ferguson estas percepciones de las que nos habla Pocock.[50] Ferguson compartió con Smith y Hume la confianza en el poder del comercio que reemplazaba al viejo orden; los tres escoceses creían que la nueva alternativa ofrecida por el comercio era la dirección más segura para la civilización de la humanidad. Pero, si bien Ferguson tomó parte de este común fundamento con Smith y Hume, sus análisis prospectivos fueron considerablemente diferentes. Ferguson fue mucho más crítico que Smith o Hume sobre los peligros a los que podía conducir el espíritu comercial. Argüía que la fuerza del comercio podía conducir a una nueva forma de tiranía. Ferguson no creía, como Smith, que la educación pública podía mitigar los inconvenientes del espíritu comercial; ni como Hume, que era necesario gobernar a los hombres despertando en ellos otras pasiones como "el deseo de la riqueza y de la industria del arte y el lujo",[51] y no con base en los principios de confianza del espíritu público propio de Esparta.

Los peligros sociopolíticos que acompañan a la llegada de la sociedad civil comercial y que inquietan intensamente a Fer-

---

[49] Véase J. G. A. Pocock (1972), "Virtue and Commerce in the 18th Century", en *Journal of the Interdisciplinary History*, vol. 3, pp. 119-134; e *id., Virtue, Commerce and History*.

[50] Parte de estas reflexiones las he esbozado en: Mª. I. Wences Simon (2006), "Adam Ferguson y la difícil articulación entre el comercio y la virtud", en *Polis* (Revista Académica de la Universidad Bolivariana, Chile), vol. 5, núm. 14, pp. 431-443.

[51] D. Hume (1982), "Sobre el comercio", en *id., Ensayos Políticos*, Madrid, Centro de Estudios Constitucionales, p. 19.

guson, pueden englobarse en dos grandes tipos. Por un lado, las consecuencias negativas de la inevitable intensificación de la división del trabajo; y, por el otro, las amenazas que conllevan la creciente tendencia al reposo y la llegada del interés y el lujo que pueden corromper el espíritu público y abrir vías para que ascienda el despotismo.

En efecto, uno de los rasgos que distingue a la sociedad comercial de los anteriores estadios del desarrollo social es la extensión de la división del trabajo; "el progreso del comercio no es sino el resultado de una continua subdivisión de las artes mecánicas", diría Ferguson en el *Ensayo*.[52] El ilustrado comienza su análisis sobre la separación de las artes y las profesiones compartiendo la difundida idea en la época de que la división del trabajo daba como resultado una sociedad comercial que, gracias al intercambio de mercancías, había llegado a un momento de gran auge económico. Ferguson es consciente de los beneficios económicos que reporta la presencia de la división del trabajo –la separación de las artes y las profesiones– en la sociedad civil. Una vez que el comercio se ha extendido, los intereses tanto individuales como públicos sugieren que la división del trabajo es necesaria. Cada hombre adquiere una gran habilidad de su pequeña labor en la cadena del trabajo. Por esta razón, la sociedad disfruta en mayor medida de los productos producidos más rápidamente y a menor costo.[53] Sin embargo, estos beneficios no son lo suficientemente ventajosos como para hacerle olvidar las catastróficas secuelas éticas y políticas a las que puede conducir su propagación y su generalización.[54]

En efecto, desde la óptica de la ética, Ferguson, al contrario de Adam Smith, se ocupa de analizar con detalle los grandes males que acarrea la división del trabajo a la condición humana. Entre ellos, destaca, un posible ocaso del temple humano, una probable

---

[52] A. Ferguson, *Un ensayo sobre la historia de la sociedad civil*, p. 240.

[53] *Idem.*

[54] J-P. Séris (1994), *Qu'est-ce que la division du travail?: Ferguson*, París, Librairie Philosophique J. Vrin (Pré-Textes, 6).

pérdida del ejercicio ciudadano y un potencial quebranto del honor marcial.[55]

Por otro lado, las consecuencias también son demoledoras si la división del trabajo va más allá del ámbito económico y alcanza la esfera de lo político disociando al ciudadano del guerrero y del hombre de Estado. Las palabras del ilustrado escocés son contundentes:

> Al soldado se le releva de toda preocupación que no sea la del servicio; el estadista subdivide y reparte los asuntos del gobierno civil; los funcionarios públicos que trabajan en los distintos departamentos ejercen sus funciones sin poseer necesariamente habilidad política, simplemente con observar unas normas establecidas por experiencia anterior.[56]

De ello se deduce que para Ferguson, la política no es un arte que deba someterse a la división, en tanto que sí puede hacerlo la esfera de las relaciones económicas, la del mercado. Si la división alcanza el ámbito de lo político (en un sentido amplio que incluye la guerra), entonces las consecuencias negativas son desastrosas. Por ejemplo, si se profesionaliza la milicia, si el deber militar entra en el juego de la mercadería, aparecerán peligros que pueden amenazar al orden político. Si el deber del virtuoso ciudadano-hombre de armas se intercambia por monedas y se vuelve una profesión, la obligación política sobre la cual descansa ya no se plantea como una necesidad primera para el mantenimiento de la solidaridad social. Si se intercambia esta obligación guerrera mediante una contrapartida, el hombre (un hombre de un idealizado pasado que identifica al ciudadano con el guerrero) quebranta su virtud.

La división conduce a que el individuo pierda el sentido del bien público, esa preocupación por el interés común que vuelve efectiva la conciencia de pertenecer al todo de la sociedad. La división patológica de las actividades políticas hace desapa-

---

[55] Me ocupo de analizar estos males en Mª. I. Wences Simon (2006), "¿Cívica o comercial? Algunas paradojas de la sociedad civil en el ilustrado escocés Adam Ferguson", en *Revista Mexicana de Ciencias Políticas y Sociales*, núm. 196.

[56] A. Ferguson, *Un ensayo sobre la historia de la sociedad civil*, p. 241.

recer una virtud fundamental, aquella que Montesquieu. y Ferguson después de él, definía como el amor a la patria. Cuando esto sucede, en el sentido más fuerte de la palabra, la sociedad se inmoviliza y cae irremediablemente en la decadencia.

Junto con la división del trabajo, el advenimiento de la sociedad civil comercial presenta otro peligro sociopolítico: la corrupción del espíritu público. Por corrupción, el ilustrado entiende una depravación del carácter humano que conduce a la indiferencia o a la pérdida de interés por participar en los asuntos públicos.

Para Ferguson, los riesgos que representan la pérdida de virtud pública y la consecuente emergencia de la corrupción política son altamente preocupantes, son la causa principal de la degeneración de la sociedad civil. Por esta razón, el ilustrado escocés "formula una teoría de la sociedad civil" que se centra en denunciar cómo la corrupción es "una intrínseca y potencial amenaza a la moderna sociedad comercial".[57] La corrupción, afirma con razón Robertson, "es una fuerza destructiva y dinámica que constantemente pone en peligro el edificio entero de la comunidad política. Al disolver la obligación de los ciudadanos a participar, conduce al descuido de las instituciones y a la consecuente pérdida de libertad política".[58]

Es verdad que la sociedad civil ha adquirido una condición civilizada, pero ésta es reversible; no evita por sí misma la emergencia de la corrupción y la decadencia. Esto se debe a que la llegada de la sociedad civil comercial no sólo sustituyó las pasiones de gloria, honor y virtud, hasta entonces existentes, por intereses individuales, en particular aquellos que circulaban en torno al lujo, sino que también mermó la vida activa y exaltó la vida reposada, conduciendo a los hombres a adoptar una pasiva actitud política. Es decir, lo que conduce a la corrupción son aquellas conductas que "privan al ciudadano de la posibilidad de actuar

---

[57] G. McDowell (1983), "Commerce, Virtue and Politics: Adam Ferguson's Constitutionalism", en *The Review of Politics*, núm. 45, p. 537.

[58] J. Robertson (1983), "The Scottish Enlightenment and the Limits of the Civic Tradition", en I. Hont y M. Ignatieff (eds.), *Wealth and Virtue. The Shaping of Political Economy in the Scottish Enlightenment*, Cambridge, Cambridge University Press, p. 137.

como un miembro de la comunidad, que quebrantan su espíritu, que envilecen sus sentimientos y lo inhabilitan de toda posibilidad de acción".[59]

Así, el reposo, que desencadena pasividad y despreocupación, impide a los hombres ser ciudadanos virtuosos. La inactividad, subraya el escocés, produce despreocupación; alguien que se encuentra muy ocupado en sus asuntos privados deja del lado su espíritu público y abandona las virtudes activas; cuando esto sucede, los habitantes de las naciones comerciales devienen indignos de la libertad que poseen. Si en los hombres esta tendencia comienza a echar raíces, caer en el despotismo es altamente probable; sin duda, para Ferguson el hedonismo es uno de los mayores riesgos que acompañan a la sociedad civil comercial.

Un principio básico de la filosofía general de Ferguson es creer que el hombre no está hecho para el reposo. Los individuos, subraya, son por naturaleza seres activos y esta actividad debe ejercitarse a favor de los asuntos públicos, de los asuntos de la comunidad y no confinarse únicamente a disfrutar de la fortuna personal o a la búsqueda de los diferentes objetivos de placer. Un hombre que permanece impasible e inactivo ante la corrupción, está lejos de ser un ciudadano virtuoso. Si la tendencia a la pasividad se arraiga en la condición humana, entonces la corrupción y el despotismo comenzarán a brotar.

Ante este panorama, de desastrosas consecuencias éticas, sociales y políticas generadas por la intensificación de la división del trabajo, de la opulencia y el lujo, de la llegada del interés y de una inmovilización progresiva de aquello que hace actuar a los hombres y que les convierte en prisioneros de los fines directamente utilitarios y competidores, conduciéndolos a la pérdida de la preocupación por el fin público, Ferguson se pregunta cómo evitar que se corrompa el espíritu público de los hombres –la virtud– y se expandan los excesos de la riqueza –el comercio con lujo. Cómo hacer para armonizar a la virtud con

---

[59] A. Ferguson, *Un ensayo sobre la historia de la sociedad civil*, p. 276.

el comercio y evitar, al tiempo, que el despotismo encuentre un terreno fértil para instalarse y mantenerse.

Ferguson, asiente Pocock, vio ante sí la corrupción, ese de-sorden de apetencias resultado de la supeditación y pérdida de autonomía personal, que florecía en un mundo de rápidos e irracionales cambios.[60] Sostiene que no se puede dejar de reconocer que el comercio se convirtió en una fuente no solamente de la riqueza pública, sino también de la estabilidad política. Pero tampoco se puede negar, subraya Pocock, que el acento en la virtud política "es tan fuerte que es necesario reconocer que el primer capítulo de la historia de la economía política es también un capítulo suplementario de la historia del humanismo cívico".[61]

A la luz de todo lo indicado, no cabe duda de que Adam Ferguson, quien recientemente ha conseguido un importante reconocimiento gracias al auge de la literatura en torno a la sociedad civil, adquiere relevancia, entre otras cosas, por su herencia intelectual. Los enfoques anteriores dan cuenta de las significativas aportaciones que este ilustrado escocés ha dado a la ciencia social y a la teoría política. Creo que éstas son razones de peso por las cuales es recomendable leer a Ferguson hoy.

---

[60] Véase J. G. A. Pocock, *The Machiavellian Moment...*, p. 486.

[61] *Ibid.*, p. 426.

José Hernández Prado*

Frente al mundo contemporáneo, globalizado y multicultural, me parece válida una pregunta doble: ¿qué corrientes de pensamiento y acción nos llevaron hasta él y qué perspectivas y teorías pudieran ayudarnos a entenderlo y explicarlo mejor?

Considero que, entre muchos otros, hay *tres esfuerzos* que caracterizan al mundo actual: primero, el afán de lograr que los gobiernos de todo él sean vehículos de valores y de regímenes republicanos y democráticos, donde priven, por ejemplo, la tolerancia, la no discriminación de ningún tipo, la convivencia pacífica y respetuosa entre las culturas, la llamada *accountability* o rendición de cuentas por parte de esos regímenes, una ciudadanía consciente y participativa y, por supuesto y para decirlo de un modo muy mexicano, el "sufragio efectivo" de sello universal, plenamente libre, secreto, directo e inclusive anticlientelista o unipersonal.

Segundo, el afán de alcanzar un comercio y un mercado internacionales justos, que excluyan toda clase de privilegios y proteccionismos contraproducentes, supriman los monopolios de toda clase y demuestren que los procesos económicos no son sencillamente procesos de "suma cero", donde lo que unos ga-

---

* El presente texto se presentó originalmente bajo el título *La Ilustración escocesa y el mundo actual. El otro Adán y otro gran Tomás.*

nan, forzosamente lo pierden otros, sino que pueden ser procesos del tipo "gana y gana" en los que todos los individuos y naciones vean justamente reivindicados y materializados sus intereses.

Y tercero, una conciencia paulatina de que el conocimiento jamás es absoluto, ni privativo de un sólo enfoque o perspectiva teórico-ideológica, sino que resultan muy válidos no únicamente ese relativismo que cuestiona los dogmatismos filosóficos y científicos, sino además el *falsacionismo* aclarado por Karl R. Popper (véase Popper, 1991), en el sentido de que nuestros conocimientos son estrictas conjeturas no refutadas hasta el momento y el conocimiento científico es, propiamente, lo mejor que somos capaces de decir en un momento dado respecto a una realidad cualquiera.

Claro que al mundo globalizado actual, dotado de estas tres características, lo explican presumiblemente muchas formas de pensar y de actuar y muchísimos aportes generados por grandes escuelas, corrientes y autores multidisciplinarios de toda la historia de la humanidad. Asimismo, a semejante mundo lo entenderíamos o comprenderíamos hoy echando mano de numerosos enfoques teóricos, concretados en hipótesis convincentes que se han abierto camino en la compleja historia sociocultural universal.

Lo que yo quisiera proponer aquí es que en la conformación y la explicación del mundo contemporáneo, no siempre han tenido el papel que en un principio concederíamos ciertas teo-rías o enfoques muy afamados que, ya revisados de cerca, dejan bastante en claro que no diagnosticaron de manera atinada los problemas y las realidades de dicho mundo, ni concretaron las opciones que hoy se han definido y establecido de un modo fáctico en él. Cito tres ejemplos que me parecen muy notables: el *marxismo*, el *maquiavelismo* y el *sociologismo* nutrido por las ciencias sociales del siglo xx, con su insistencia enorme en la radical separación entre los mundos y las ciencias de la naturaleza y los de las sociedades y culturas (acerca de este "sociologismo", véase Pinker, 2002, pp. 14 y ss).

Me centro en algunas ideas en extremo básicas. Por ejemplo, el mundo no marchó hacia la revolución sociopolítica y hacia la desaparición del capitalismo, las clases sociales, el Estado y el mercado libre, como afirmaba el marxismo. De hecho, el desarrollo de dicha revolución y del socialismo condujo a una modalidad inequívoca del totalitarismo. Hoy no se puede estudiar a Karl Marx y a toda la buena serie de autores que suscribieron sus propuestas, sin tomar muy en cuenta a Hannah Arendt (véase Arendt, 2000).

La política no se quiere hacer hoy eliminando materialmente a los enemigos, sino contendiendo democrática y republicanamente con ellos, los cuales se han convertido en adversarios respetables. A toda la obra de Maquiavelo habría que entenderla en la actualidad en un sentido por completo *figurado*. Aunque sus lecciones políticas sigan mostrando alguna validez, es imposible asumirlas en el sentido literal que tuvieron cuando las propuso el gran florentino.

Si bien sabemos que la cultura es muy importante y que modela social e históricamente a los individuos, también hemos aprendido que la totalidad de las culturas y sociedades humanas son precisamente eso, humanas, y que existen infinidad de rasgos, desde físico-biológicos hasta psicosociales, que hemos compartido todos los individuos humanos en cualquier tiempo y lugar, justo como características de nuestra especie y que han sido el fruto de una evolución a la vez natural y cultural de varias decenas de miles de años.

En cambio, han surgido teorías que de momento pudieran pasar inadvertidas en la cultura global contemporánea, pero que han sido fundamentales para la constitución de dicha cultura y contienen elementos relevantísimos para explicarla satisfactoriamente. Acaso la más visible sería hoy el evolucionismo darwiniano, pero entre ellas hemos de destacar también a la Ilustración dieciochesca; al pensamiento ilustrado del llamado Siglo de las Luces: el siglo XVIII de la difusión de Newton y de la Revolución francesa; el de Bach y Mozart y los inicios de la Revolución Industrial.

Cuando se piensa aquí en México en la Ilustración de la Era de las Luces, inmediatamente vienen a la mente los nombres de autores franceses y europeo-continentales; las firmas de Voltaire, Montesquieu, Rousseau, todos los enciclopedistas franceses y, desde luego, Immanuel Kant. Esa Ilustración fue sobre todo *ideológica y político-doctrinaria*, y una gran precursora no únicamente de la Revolución francesa, sino en el caso de nuestros países latinoamericanos, también de sus grandes movimientos independentistas, los cuales llevaron al surgimien-to de una gran parte del mapa actual del americano Nuevo Mundo.

Sin embargo, una sección relevantísima de la Ilustración del siglo XVIII fue además anglosajona y floreció tanto en las islas británicas del Viejo Mundo —sobre todo en aquélla de la Gran Bretaña—, como en la Norteamérica asimismo independentista. Esa Ilustración no sería únicamente ideológica y político-doctrinaria, al igual que la francesa —que por supuesto, influyó en ella con gran amplitud—, sino que asimismo fue *político-institucional y económica*. Y dentro de esta Ilustración británica y anglosajona, como ya se revisó en el seminario que el presente auditorio ha trabajado durante los pasados días, seminario auspiciado por el Departamento Académico de Derecho del ITAM y a cargo de la doctora María Isabel Wences, destaca muy especialmente la denominada Ilustración escocesa.

A mí me agrada mucho evocar en este contexto al historiador estadounidense Arthur Herman, quien en su magnífico libro sobre la Ilustración escocesa (Herman, 2003) declaraba que esta Ilustración es, en primer lugar, tan definida como la francesa y, en segundo lugar, sin duda ella es menos conocida y mucho menos *glamorosa* que su contraparte francesa, pero mucho más *influyente* en el mundo de hoy y hasta más importante para él. Como un simple botón de muestra, Herman evoca la *Enciclopedia* de Diderot y D'Alembert, impulsada por el movimiento ilustrado francés, a modo de una clara y muy significativa curiosidad histórica. En cambio, recuerda el historiador norteamericano, la enciclopedia que inauguró la Ilustración escocesa en el Edimburgo de la década de 1760, continúa hoy "vivita y coleando", incluso en versiones electrónicas de disco compacto e internet. Se llama la *Encyclopaedia Britannica* (Herman, 2003, pp. 61-62).

Pero Herman destaca también los nombres universales de los escoceses Adam Smith y David Hume, tan apoyados en el del inglés John Locke, y agrega que a dichos nombres habría que añadirles un largo y notable etcétera que incluye a Francis Hutcheson, Adam Ferguson, Thomas Reid, Dugald Stewart, William Robertson, John Millar y Henry Home Lord Kames, entre muchos más.

Aquí podemos recordar de nuevo los tres esfuerzos del mundo actual que esta ponencia planteaba en sus primeros párrafos y llamar la atención sobre el hecho de que tales esfuerzos están muy relacionados con nombres y con teorías procedentes de la Ilustración escocesa. Al éxito y difusión del mercado capitalista hoy global es imposible dejar de relacionarlo con Adam Smith. El pensamiento político contemporáneo le debe mucho más de lo que resultaría aparente a David Hume (véase Holmes, 1995) y el pensamiento científico y filosófico de la actualidad se reconoce en los días que corren como tremendamente deudor del propio Hume y ya también de su contraparte –mi "héroe filosófico", como lo denominaría hablando de su propio caso el filósofo estadounidense Keith Lehrer–, Thomas Reid (1710-1796). De igual forma que hoy es improcedente referirse a Karl Marx sin incluir la consideración correctiva de Hannah Arendt, así tampoco es muy conveniente repasar la obra epistemológica y moral de David Hume sin incluir la ponderación de la del gran aberdinense que fue el filósofo sensocomunista, Thomas Reid.

Pero esto ya nos adentra en la segunda gran temática de esta presentación. Ni Smith ni Hume fueron casos aislados en el contexto de la Ilustración europea en general. Ellos destacaron casi de inmediato en sus días, en medio de un ambiente intelectual anglosajón, británico y escocés muy rico, que abarcaba autores extremadamente valiosos y bastante conocidos por toda Europa en tales días. Esos nombres alcanzaron una celebridad intelectual para después quedar un tanto opacados por la inmensa cantidad de personajes intelectuales europeos que se acumularon en los siglos XVIII y XIX, aunque justo en nuestros tiempos globalizados, tan entregados a una abundancia de información, dichos nombres de ilustrados han reaparecido y vuelto por sus fueros para ubicarse en nuevos sitiales de honor, realmente más ajustados a su importancia histórica y objetiva. Es así que varias figuras de la Ilustración escocesa experimentan ahora una muy merecida revaloración y me atrevo a decir que las dos principales de entre ellas son Adam Ferguson y Thomas Reid.

Me gustaría referirme a Adam Ferguson como "el otro gran Adán" ilustrado escocés, aparte de Adam Smith, y a Thomas Reid como "otro muy importante Tomás", además de sus contemporáneos Thomas Paine y Thomas Jefferson, aunque también respecto a otros enormes filósofos de la historia –por ejemplo, Thomas Hobbes– y concretamente, al más importante aristotelista medieval, el respetado Santo Tomás de Aquino. Considero, pues, que Adam Ferguson es el otro gran Adán económico-social de la Ilustración escocesa y Thomas Reid, un muy relevante Tomás filosófico de la historia, aparte de otros grandes Thomas de la Ilustración anglosajona en general.

Por otro lado, no está por demás destacar ciertos paralelismos biográficos entre Adam Ferguson y Thomas Reid. El último era 13 años mayor que el primero, pero fue casi tan longevo como él, pues vivió 86 años, distribuidos a todo lo largo del siglo XVIII. Ambos fueron ministros religiosos presbiterianos de la corriente moderada. Los dos serían bibliotecarios y también, simultáneamente, catedráticos de filosofía moral –Ferguson en Edimburgo y Reid en Glasgow. Los dos publicaron respectivamente un gran libro que les procuraría merecidos prestigio y celebridad en los ámbitos de habla inglesa desde la década de 1760 –desde luego, el libro de Ferguson fue *An Essay on the History of Civil Society*, de 1767; a aquél de Reid lo mencionaremos un poco más adelante– y sus últimas obras importantes aparecieron en los años ochenta de ese siglo XVIII –la de Ferguson sería *The History of the Progress and Termination of the Roman Republic*, de 1783. Los dos padecerían grandes embates personales, porque Ferguson fue combatiente y capellán de guerra, y Reid sufrió la muerte de ocho de sus nueve hijos, algunos de ellos siendo niños y otros ya adultos.

Pero existe una notable diferencia entre los dos escoceses que es muy relevante destacar y que es detonadora de otras distinciones dignas de atención. Ferguson, al igual que Hume, fue un verdadero "hombre de letras", mientras que Reid lo sería, en principio, "de números". En efecto, la formación inicial de Reid fue tendencialmente más fuerte por el lado de las ciencias naturales y exactas, mientras que la de Ferguson lo sería en el ámbito de las humanidades y los estudios históricos y políticos. Reid comenzó enseñando en el Mariscal College de Aberdeen ciencias naturales y filosofía moral y desde 1764, en sustitución de Adam Smith, ocupó la cátedra de filosofía moral del Old College de Glasgow. Ferguson iniciaría su carrera académica siendo un profesor de ciencias naturales en Edimburgo, pero asentó esa trayectoria y se sintió mucho más cómodo cuando fue nombrado catedrático de filosofía moral.

Las principales obras de Ferguson son históricas, políticas y visionariamente sociológicas. Las de Reid, en contraste, sólo tocaron los temas de la historia social humana y la filosofía y la ciencia políticas de manera tangencial. Los más importantes escritos reidianos serían tres magníficos libros –cada vez más valorados en la historia de la filosofía– que abordan temas de epistemología, metafísica, filosofía moral y antropología filosófica de carácter práctico o activo, centrados en la llamada *philosophy of mind*, disciplina equiparable a, si bien diferente de, la *natural philosophy* impulsada por Newton. Estas obras son *An Inquiry into the Human Mind of the Principles of Common Sense*, de 1764 (Reid, 1997 y 2004); *Essays on the Intellectual Powers of Man*, de 1785 (Reid, 2002) y finalmente los *Essays on the Active Powers of Man*, de 1788 (Reid, 2006).

Si Ferguson fue llamado desde sus propios tiempos el "Montesquieu escocés", de Reid se hablaría muy claramente a partir del siglo XIX, por su biógrafo Alexander Campbell Fraser y su editor decimonónico, sir William Hamilton, como del "Kant escocés". Y en efecto, 17 años antes de la aparición de la kantiana

Crítica de la razón pura, del año 1781, Reid haría una crítica radical y tremendamente considerable de la epistemología humeana en su *Inquiry* de 1764. Esa crítica remitía a ciertos elementos *a priori* del conocimiento, que no son principios y conceptos puros del entendimiento, como una parte de la razón pura teórica o en trance de conocer, según lo propuso el pensador de Königsberg, sino primeros principios de una realidad mental muy poco estudiada aún en y por los seres humanos, que es su sentido común. Muy en particular, Reid sostendría y argumentaría a lo largo de toda su carrera académica, que autores filosóficos como George Berkeley y David Hume divorciaron por completo a la filosofía, tanto natural como de la mente, del sentido común humano y que era preciso restablecer el maridaje entre ambas entidades, sin afectar y traicionar a ninguna de las dos.

La filosofía de la mente desarrollada por Thomas Reid, rica como lo hemos destacado en elementos epistemológicos, metafísicos, morales y antropológico-filosófico-prácticos, tiene como eje articulador la noción de sentido común, no entendida sencillamente como ese *sexto sentido* del que comenzaría a hablar Aristóteles y del que apuntó rasgos muy interesantes, ya en el siglo xx, la filósofa Hannah Arendt (véase Arendt, 1978, pp. 45 y ss), sino como toda una estructura mental humana que es con toda propiedad la forma –culturalmente variable, pero humana al fin– que despliega nuestra especie animal para percibir y entender la realidad, así como para actuar racional y moralmente dentro de ella. Si Kant fue el gran filósofo de la razón pura teórica y práctica, Reid es sin duda el gran filósofo moderno del sentido común que abarca a aquella misma razón y a partir de él la filosofía contemporánea, especialmente desde el norteamericano C. S. Peirce y el inglés George Edward Moore (véase Peirce, 1955 y Moore, 1993), ha reparado muchísimo en esta entidad tan menospreciada, que es el sentido común de los seres humanos.

Pero son obligadas algunas cuantas palabras sobre el sentido común en su significado reidiano: a él no se le debe confundir con los conocimientos ordinarios, ni con los prejuicios tradicionales de una cultura dada, ni mucho menos con la mentalidad histórica y cultural de cualquier sociedad humana. Para Reid, el sentido común es en rigor otra cosa: es, *en principio* y como ya lo dijimos, la *forma humana –culturalmente variable– de percibir y de entender al mundo, tanto como de actuar moral y responsablemente en él*, que se concentra o articula en una buena y compleja serie de primeros principios evidentes de suyo, base de los razonamientos teóricos y prácticos y de los juicios razonables o sensatos; y es, *en última instancia, madura capacidad de juicio*, desarrollada con base en los primeros principios del sentido común. Estos primeros principios son, por supuesto, de muchas clases: epistémicos, metafísicos, estéticos, morales... Con ellos juzgamos no en el sentido de proponer o de formular enunciados o juicios, sino en el de hacer justo como proceden los jueces y los jurados en los tribunales de justicia de todo el mundo, a saber, *recabando y ponderando evidencias, para emitir sentencias, veredictos o juicios*. (Véase Hernández Prado, 2002 y 2007a, b y c.)

Así como existen paralelismos entre Ferguson y Reid, también los habría y muy nítidos entre Reid y Kant. Uno muy interesante es la cronología de algunas de sus respectivas obras maduras. Kant publicó su *Crítica de la razón pura* en 1781 y 1787; Reid, sus primeros ensayos, los de las "capacidades intelectuales", en 1785. Kant publicaría su *Crítica de la razón práctica*, su gran obra moral y antropológico-filosófico-práctica en 1788 y en ese mismo año, Reid editó sus segundos ensayos, los referentes a la capacidad activa de la mente humana, que son también su gran libro moral y antropológico-filosófico-práctico. Pero la globalización hoy tan popular y tan extendida no daba entonces para tanto y Kant no estudiaría a Thomas Reid, ni éste supo propiamente de Kant. El alemán mencionó rápidamente al escocés en el Prefacio de los *Prolegómenos a toda metafísica de porvenir*, de 1783, atenido a la primera de sus tres grandes obras –la de 1764–, y tan sólo para ubicarlo como uno de los fallidos críticos británicos de Hume (véase Kant, 1978, p. 23). De un modo bastante diáfano, Kant no dio visos de leer detenida y completamente a Reid.

Ahora propongamos una tesis bastante audaz. Reid ha sido llamado el "Kant escocés", pero Kant muy bien pudiera ser llamado también el "Reid alemán" –sobre todo, si nos atenemos a la forma en que Hannah Arendt lo presentaría en distintos lugares de sus obras (sobre todo en Arendt, 1982) y al hecho señalado por Julio Beltrán en su colaboración para este mismo volumen, conforme al cual Kant gustaba decir de sí mismo que era el "escocés de Königsberg". Con esto quiero decir que, sin menoscabo alguno de la monumental figura histórica de Kant, a mí me parece que Reid debiera ser considerado como tan o hasta más importante que este filósofo, puesto que su obra está hoy mucho más vigente en los terrenos de las ciencias y las ideas que la del enorme pensador prusiano. Y debido a que Kant y Reid serían los autores que principalmente cuestionaron a fondo no sólo la epistemología, sino además la filosofía moral humeana –ello lo hizo no solamente el primero, sino incluso antes y asimismo el segundo–, permítasenos además plantear una segunda audacia propositiva: Hume no es el gran epistemólogo y, por supuesto, el gran metafísico –de hecho él cuestionaría contundentemente la metafísica, al igual que Kant, lo que no así Reid...– y el filósofo moral en rigor más influyente de y en la Ilustración escocesa. Como lo sugerimos desde un principio, Hume aparece en nuestros tiempos como una figura mucho más importante en el terreno político –en cuanto teórico del liberalismo–, que como una personalidad vigente en aquellos otros ámbitos, los epistemológicos y morales. Reid, me parece a mí, *fue, en realidad, el epistemólogo, el pensador moral y el metafísico que mejor nos permite comprender el trabajo de toda la Ilustración escocesa*, incluidos los trabajos políticos e históricos de David Hume (véase Hume, 1998), los morales y económicos de Adam Smith y, por supuesto y en particular, la obra histórica, politológica y sociológica de Adam Ferguson.

Destacábamos hace un momento que Reid no publicó jamás grandes e importantes escritos de filosofía política, social e histórica y hasta donde hemos podido apreciarlo, Ferguson tampoco abundaría demasiado, dentro de sus obras, en las materias epistemológicas, antropológico-filosóficas, metafísicas y morales que primordialmente ocuparon a Thomas Reid. Ahora la propuesta que deseamos hacer y que ya no es ninguna barbaridad, es la de que las obras de Reid y Ferguson son bastante complementarias entre sí. Textos de cada uno de los dos llenan de un modo satisfactorio los "huecos" temáticos que pudieran encontrarse en sus principales obras. Y partamos de otra coincidencia existente entre ambos ilustrados: los dos no convencieron con sus escritos a David Hume y recibieron por igual el sutil y comedido desprecio del gran edimburgués. Algo debiera unirlos entonces y de hecho los une.

Reid nunca estuvo del todo convencido de las propuestas de Adam Smith sobre los sentimientos morales –según consta en sus ensayos de 1788– y, si bien no hay testimonios documentales al respecto, es bastante probable que coincidiera mayormente con su gran amigo Lord Kames y con Adam Ferguson, en relación con las visiones de estos autores sobre la sociedad comercial de la época, porque acaso las prefería por sobre la del brillante Adam Smith. La visión general de Smith es portentosa y quedó consignada de un modo estupendo en el gran clásico indiscutible y valiosísimo que es *An Inquiry in to the Nature and Causes of the Wealth of Nations*, de 1776 (Smith, 2003), mismo año de la muerte de David Hume, amigo de Ferguson y Smith –este último considerado su gran seguidor filosófico–, y del inicio de la Guerra de Independencia norteamericana. Pero por más que *La riqueza de las naciones* continúe siendo un texto muy orientador y asombrosamente vigente, no caben mayores vacilaciones al respecto de que proyecta una concepción optimista y un tanto idealizada de la llamada sociedad comercial de la segunda mitad del siglo XVIII. En contraste, Lord Kames, y sobre todo Adam Ferguson, ofrecerían quizás una visión mucho más realista y en determinados aspectos, hasta pesimista de esa misma sociedad comercial. Por esto hemos señalado que Ferguson es "el otro gran Adam". Ni Hume se puede entender hoy sin que volvamos la vista hacia Thomas Reid, ni tampoco es factible comprender a Adam Smith excluyendo a Adam Ferguson.

Los méritos de Ferguson resultan innegables cuando se le considera como investigador y analista de la sociedad civil dieciochesca y aun de las sociedades que precedieron a ésta. Ferguson fue el autor con mayor "imaginación sociológica" –en la acepción del sociólogo norteamericano C. Wrigth Mills, en su obra del mismo título, de 1959 (Wright Mills, 1969, pp. 25 y ss)– de toda la Ilustración escocesa. Su talento sociológico es, en mi opinión, comparable al de dos clásicos de esa disciplina, Georg Simmel y Émile Durkheim. Pero Ferguson, ante todo, no querría, al igual que Thomas Reid, ser un autor original y especialmente ingenioso, objetivos que, por cierto, sí se planteó alcanzar David Hume. Lo que él buscó fue, ante todo, *entender* y ofrecer explicaciones sostenibles y convincentes de la realidad histórico-social humana y trazar opciones de acción para que ella no nos colocase en situaciones moralmente inaceptables (véase Wences, 2006, 2007 y 2009). Por eso es que la epistemología, la moral sensocomunista y la antropología filosófico-práctica de Reid marchan tan naturalmente en apoyo de la obra de Adam Ferguson –y aun de la de Hume, cuando ésta se aviene con estos mismos objetivos.

Terminemos esta pequeña comunicación invitando a la discusión de sus polémicos puntos y precisando rápidamente por qué la filosofía sensocomunista de Thomas Reid es, al igual que la Ilustración escocesa toda, una obra muy útil para dar cuenta de muchas situaciones del mundo contemporáneo. Se trata de una filosofía que incluye en epistemología y en metafísica una clara hermenéutica realista. Según ella, el conocimiento es una interpretación de los signos que nos ofrece nuestra percepción sensorial del mundo objetivo, interpretación que se hace con ayuda de nuestro sentido común –el propio de nuestra especie– y que nos permite comprender y explicar aquel mundo, tan sólo de un modo *mejor o peor*. Una filosofía que en moral considera la enorme importancia de los intereses racionales, pero que también reivindica los deberes o responsabilidades de los seres humanos, mismos que derivan de un sentido de la justicia como realidad objetiva en las relaciones entre los individuos. Una filosofía que en antropología filosófica diría ya que somos más animales o seres instintivos y capaces de apetitos, deseos y afectos "benevolentes" –como el amor paterno-filial, la amistad o el amor a las comunidades– o "malevolentes" –como la rivalidad o el resentimiento, real o imaginario– de lo que históricamente hemos supuesto, si bien somos también animales capaces de la moralidad y de la mejor interpretación posible de los fenómenos naturales y sociales, que puede generarse en nuestro sitio del cosmos. Una filosofía que no solamente complementa las agudas propuestas del otro gran Adán, el de apellido Ferguson, sino que le confiere un marco de inteligibilidad muy adecuado a toda la Ilustración escocesa y a muy buena parte del pensamiento contemporáneo, ese que también se propone la interpretación más convincente y sostenible de la realidad humana y no humana en su conjunto, en cuanto lo mejor o más acertado que nos es posible decir de ella.

REFERENCIAS BIBLIOGRÁFICAS

Arendt, Hannah (1978), *The Life of the Mind*. Nueva York, Harcourt Brace & Company.

__________ (1982), *Lectures on Kant's Political Philosophy*. Chicago, The University of Chicago Press.

__________ (2000), *Los orígenes del totalitarismo* (1951). Trad. de Guillermo Solana, Madrid, Alianza Editorial.

Herman, Arthur (2003), *The Scottish Enlightment. The Scots' Invention of the Modern World*. Londres, Fourth Estate.

Hernández Prado, José (2002), *Sentido común y liberalismo filosófico. Una reflexión sobre el buen juicio a partir de Thomas Reid y sobre la sensatez liberal de José María Vigil y Antonio Caso*. México, UAM-Azcapotzalco y Publicaciones Cruz O.

__________ (2007a), *Epistemología y sentido común*. México, División de Ciencias Sociales y Humanidades de la UAM-Azcapotzalco (Cuadernos Docentes 16).

__________ (2007b), "Introducción" a Dugald Stewart, *Relación de la vida y escritos de Thomas Reid* (1802). Trad. e intr. de José Hernández Prado, México, Los libros de Homero, pp. xi-xxxiv.

__________ (2007c), *El menos común de los gobiernos. El sentido común según Thomas Reid y la democracia liberal*. México, UAM-Azcapotzalco (Colección Ensayos 16).

Holmes, Stephen (1995), *Passions and Constraint. On the Theory of Liberal Democracy*. Chicago, The Univesity of Chicago Press.

Hume, David (1998), *Selected Essays*. Oxford, Oxford University Press.

Kant, Immanuel (1978), *Prolegómenos a toda metafísica del porvenir* (1783). Trad. de Julián Besteiro, México, Porrúa (Colección Sepan Cuantos..., 246), pp. 19-124.

Moore, George E. (1993), "A Defence of Common Sense", en *Selected Writings*. Thomas Baldwin (ed.), Londres y Nueva York, Routledge, pp. 106-133.

Peirce, C. S. (1955), "Critical Common-Sensism", en *Philosophical Writings of Peirce* (ed.), Justus Buchler. Nueva York, Dover Publications, pp. 290-301.

Pinker, Steven (2002), *The Blank Slate. The Modern Denial of Human Nature*. Nueva York, Viking.

Popper, Karl R. (1991), "La ciencia: conjeturas y refutaciones" (1953), en *Conjeturas y refutaciones*. Trad. de Néstor Miguez, Barcelona, Paidós, pp. 57-93.

Reid, Thomas (1997), *An Inquiry into the Human Mind on the Principles of Common Sense* (1764). Derek R. Brookes (ed.), Edimburgo, Edinburgh University Press.

__________ (2002), *Essays on the Intellectual Powers of Man* (1785). Derek R. Brookes (ed.), Pennsylvania, The Penn-sylvania State University Press.

__________ (2003), *La filosofía del sentido común. Breve antología de textos de Thomas Reid*. Vers. española e introd. de José Hernández Prado, México, UAM-Azcapotzalco (Colección Ensayos, 5).

__________ (2004), *Investigación sobre la mente humana según los principios del sentido común* (1764). Trad., introd. y notas de Ellen Duthie, Madrid, Trotta.

__________ (2006), *Essays on the Active Powers of Man* (1788). Ed. por G. N. Wright como *Essays on the Active Powers of the Human Mind* (1843), Montana, Kessinger Publishing.

Smith, Adam (2003), *The Wealth of Nations*. Ed. por Edwin Cannan, Nueva York, Bantam Books.

Stewart, Dugald (2007), *Relación de la vida y escritos de Thomas Reid* (1802). Trad. e introd. de José Hernández Prado, México, Los libros de Homero.

Wences, María Isabel (2006), *Sociedad civil y virtud cívica en Adam Ferguson*. Madrid, Centro de Estudios Políticos y Constitucionales.

__________ (2007), *Teoría social y política de la Ilustración escocesa. Una antología*. Ed. y est. prel. de Isabel Wences, Madrid, Consejo Superior de Investigaciones Científicas y Plaza y Valdés Editores.

__________ (2009), *Hombre y sociedad en la Ilustración escocesa*. México, Distribuciones Fontamara (Biblioteca de Ética, Filosofía del Derecho y Política, 108).

Wright Mills, C. (1969), *La imaginación sociológica*. Trad. de Florentino M. Torner, México, FCE.

JULIO BELTRÁN[*]

Introducción

La Ilustración escocesa es un periodo del siglo XVIII en el cual Escocia destacó entre las naciones europeas como una de las más cultas y de más alta producción científica e intelectual.

Aunque compartía los principales rasgos de la Ilustración europea, la escocesa tiene un carácter peculiar. Comparte con la primera la confianza en la razón humana y en rechazar toda autoridad que no sea sancionada por ésta. Pero se distingue por un mayor énfasis en el empirismo gnoseológico y el utilitarismo moral.

En este segundo respecto, era predominante en ese movimiento intelectual una visión optimista de la capacidad de los hombres para mejorar su entorno natural y social por medio de la ciencia. En general, las virtudes que los autores de la Ilustración escocesa ensalzaron y trataron de estimular en su auditorio eran la confianza en la posibilidad de progresar indefinidamente en todos los campos y la convicción de que el beneficio individual no es incompatible con el beneficio material, sino que hay arreglos que los hacen necesarios entre sí.

---

[*] El presente texto se presentó originalmente bajo el título *¿Por qué leer a David Hume (1711-1776) hoy día en México?*

Mas lo que distinguió más claramente a este grupo de pensadores de sus similares en la Francia ilustrada fue su sesgo gnoseológico. Confiaban en un empirismo consumado y se oponían radicalmente a toda tendencia racionalista, inclusive la de similares franceses. Criticaron acremente toda creencia de que la razón es capaz de fundar teorías sobre aspectos del mundo real o de que puede dictar los imperativos que presidan nuestra conducta; lo que les hizo separarse no sólo de los los *philosophes* sino también de ingleses como Hobbes.

Una tercera singularidad de la Ilustración escocesa es su carácter descentralizado y la independencia de sus pensadores. En contraste con otros grupos y periodos de importancia filosófica, en los que suele haber unas pocas figuras dominantes forjando alianzas con otros pensadores menores y colocando discípulos para conquistar la centralidad, los ilustrados escoceses mantuvieron serias y numerosas diferencias de opinión sin por ello perder su temperamento flemático y civilizado. Entre estos pensadores subsistió por lo regular un grado notable de tolerancia y apoyo mutuo, favorecido por el hábito de conducir su vida intelectual en gran medida en clubes y tabernas públicas (*pubs*).

Los pensadores que formaron parte de la hoy denominada "Ilustración escocesa" son muchos y revolucionaron varias ciencias; muy notablemente, la economía, por medio de Adam Smith. En ocasiones las inventaron del todo, como es el caso de la sociología (Adam Ferguson), la paleontología y la geología (James Hutton). Me atrevería incluso a decir que una ciencia tan importante como la biología evolucionista, si bien sólo un siglo después ingresó en el seguro camino de la ciencia (Charles Darwin, *El origen de las especies*, 1859), son fruto de ideas e hipótesis sembradas en esa Ilustración escocesa.

Sería vasto enumerar todos los hechos por los que ese periodo de la historia de Escocia ha llegado a conformarse como un objeto digno de estudio; sobre todo porque, como dije, los muchos pensadores que contribuyeron al fenómeno cobijaban ideas y proyectos diferentes.

Como muestra del genio de esa generación, me restringiré a la obra e ideas de quien, por consenso de los historiadores actuales, se considera como el más representativo, que es el filósofo David Hume.

David Hume nació el 7 de mayo de 1711 cerca de Edimburgo y murió ahí mismo el 25 de agosto de 1776. Durante toda su vida adulta, Hume fue un libre pensador (o sea, nunca adscrito a ninguna universidad) que si bien hoy es considerado uno de los más importantes *filósofos* de la lengua inglesa, era conocido entre sus congéneres por su extensa *Historia de Inglaterra*. Como persona, Hume era alegre pero flemático y alejado de los entusiasmos. Como filósofo, tenía fuertes tendencias naturalistas y secularizadoras, pero no era un iconoclasta. Como hombre público y profesor será al mismo tiempo congruente pero discreto, no un escandalizador intrépido. En la semblanza de su pensamiento que ahora haré, me concentraré en los logros de su pensamiento que en mi opinión hacen relevante su lectura *para nosotros, intelectuales mexicanos* del siglo XXI.

¿Qué beneficio tiene para los mexicanos de hoy leer a Hume y a los demás filósofos escoceses? En mi opinión, la mayor ventaja que para los mexicanos contemporáneos tiene la filosofía de Hume está en el espíritu científico y crítico que la anima, en la paciente minuciosidad con que colecciona, clasifica y estudia los más variados fenómenos y en la flemática prudencia con que va acumulando conclusiones, modestas cada una, pero sorprendentes en su conjunto. Considero que la actitud intelectual de naturalista cotidiano que él adopta, es una virtud que nunca se recordará suficientemente en una comunidad intelectual que no se ha decidido todavía a introducir la ciencia en todos los aspectos de su vida. Pero vayamos por pasos.

Hume no fue un miembro más de la Ilustración escocesa, sino una especie de consejero o ejemplo para muchos de sus contemporáneos y de la generación posterior. Un ejemplo notable de los primeros es Adam Ferguson, y uno de los segundos, Adam Smith. El hecho es singular, porque, como dijimos, Hume no fue nunca profesor universitario; y por consiguiente no tuvo la posición ventajosa de una cátedra desde la cual ejercer su influencia. Aunque muchos de sus amigos y seguidores sí ocuparon cátedras en las universidades de Glasgow y Edimburgo, sus propios intentos por acceder a ambas fueron repelidos por los teólogos de la Iglesia anglicana, quienes en su momento ejercían una influencia determinante en el gobierno y las universidades. Como Hume era tenido por ateo –en mi opinión, acertadamente–, siempre fue vetado. Ya dije que era prudente y flemático, y que en consecuencia trató siempre, aunque en vano, de disimular su agnosticismo. Entre otras maniobras, mantuvo inédito hasta su muerte su *Diálogo sobre la religión*, y otros ensayos que hoy circulan bajo el atractivo título de *Ensayos impíos y antirreligiosos*, que obviamente no puso él. Su influencia debe haberse dado mediante revistas, correspondencia y algo muy socorrido en ese país, que eran los clubes sociales, o *pubs*. En todo caso, lo que hizo tan especial a Hume entre todos esos intelectuales no fueron sus lecciones, sino su actitud intelectual, su programa de investigación y el espíritu que desde fuera de la universidad infundió en todos los demás. Tratemos ahora de determinar ese espíritu que, sugiero, tanto beneficio podría traernos a nosotros todavía ahora.

El título de la obra capital de Hume en filosofía lo expresa de forma sucinta: "Intento de introducir el método experimental de razonamiento en los problemas morales por medio de un tratado de la naturaleza humana". (*A Treatise of Human Nature, Being an Attempt to Introduce the Experimental Method of Reasoning into Moral Subjects*.) Es normal referirse a este tratado en tres libros simplemente como *El Tratado*, y así lo haré yo también.

Para captar todo su significado hay que entender que los "problemas morales a que se refiere incluyen al menos todos los que hoy nosotros consideraríamos como propios del derecho civil, del derecho político, del derecho internacional o "de gentes", los problemas de la ética y sobre todo de la metaética, y tangencialmente los de la pedagogía. Aunque para aplicar, en el tercer libro, el método que él denomina "experimental" a la solución de estos problemas tiene que hacer tres cosas en los dos libros precedentes. En el segundo describe los procesos generales de la emotividad humana, y los principios que los gobiernan. En el primer libro, en cambio, describe los procesos más generales de la creencia, y sus principios. Esto último le permite reinterpretar el "método experimental del científico naturalista" en forma tal que pueda extender su competencia al ámbito de la conducta humana y la moral. El libro I se titula "Del entendimiento"; el II, "De las pasiones"; y el III, "De la moral".

La otra cosa que hay que aclarar es que aunque Hume mencione método "experimental", este adjetivo no significa, como para nosotros, que su procedimiento implique observar fenómenos provocados por el investigador conforme a un diseño *a propós*. A diferencia de un Galileo, por ejemplo, quien puede preparar rampas y relojes para medir la aceleración de las esferas en ellas liberadas, Hume no consideró jamás que pudiera provocar situaciones especiales en los sujetos cuyas pasiones investigaba, aunque con frecuencia sea él mismo. Tal vez lo consideró antiético (como le ocurre a los neurólogos, que no pueden disectar el cerebro de sujetos vivos, al menos si son humanos); tal vez temió desvirtuar los procesos naturales que describiría (como le ocurre a los etólogos, que deben camuflarse para observar); o tal vez no dudo de su capacidad para provocar o detener fenómenos demasiado raros, vastos y complejos como el amor conyugal, la arrogancia, el odio racial, etc. (como le ocurre a astrónomos, vulcanólogos y climatólogos). Su frase *experimental method of reasoning* quedaría, pues, mejor traducida como "método de razonamiento de las ciencias empíricas" o "positivas".

Lo que todo esto significa es que Hume adoptará el método del naturalista más que el del físico. La observación y descripción pacientes que ya empleaban sus respetados predecesores escoceses Shaftesbury y Hutchinson, el cual no era, para ellos, sino una aplicación de las reglas propuestas por el inglés Francis Bacon en su *Novum organum scientiarum*.

Aquí conviene hacer una observación relativa a los modelos científicos que Hume desea seguir. Lo digo porque muy frecuentemente se quiere ver el *Tratado* como un intento de imitar la física experimental de Newton, y si junto a la innegable hazaña científica de Newton se incluye en el modelo la interpretación que éste y su vocero Clarke solían dar del método por él empleado, resumido en la famosa proclama de "!no imagino hipótesis!", entonces se obtiene una imagen completamente desvirtuada de la idea que Hume tenía de su propio trabajo. En efecto, aun si las tres leyes del movimiento junto con la ley de gravitación universal de Newton representan para Hume, dada su capacidad explicativa, el logro más sublime de la ciencia humana, no por ello él está dispuesto a conceder que se trate de una verdad infalible que Newton haya "extraído" o "abstraído" de la esencia de los cuerpos, por algún método desconocido o por intuición intelectual. Hume sabe que se puede aprobar y hasta admirar la física de Newton, sin comprar también su epistemología racionalista. Diga lo que diga Newton, sus "leyes" no son las leyes *a priori* de la materia, por sobrias y elegantes que parezcan. Para Hume, son *hipótesis*, o sea, proposiciones concebidas de modo tal que resuman matemáticamente leyes más especiales (por ejemplo, las leyes de Kepler) y que en última instancia el mérito de todo el aparato consiste en ser consistente con masas de observaciones registradas (por ejemplo, las de Ptolomeo y las de Tycho Brahe). No es nada fácil compendiar semejante aparato en unas cuantas proposiciones generales, y nada impide que nuevos datos desafíen las predicciones en ellas basadas, y hasta que acaben refutándolas (como ocurre con frecuencia). Lo importante, para nosotros, es que Hume no puede haberse propuesto obtener leyes esenciales y definitivas de la naturaleza humana. Lo que, más bien, se propuso fue recolectar y describir pacientemente un multitud de fenómenos mentales que ocurren en los hombres cuando éstos tienen emociones, sentimientos, deseos, creencias, etc. En otras palabras, Hume se veía como un Lineo o un Tycho Brahe registrando y clasificando acontecimientos mentales, más que como un Newton dictando leyes últimas y omni explicativas. Expresamente ensalza el mérito de semejantes trabajos, sobre todo cuando lo recolectado no son muestras vegetales sino sutiles distinciones psicológicas; pues resulta ya

…un objetivo no desdeñable de la ciencia el mero conocer las diferentes operaciones de la mente, separar las unas de las otras, clasificarlas en los debidos apartados, y corregir aquel desorden aparente en que se encuentran cuando las hacemos objeto de reflexión e investigación. Esta tarea de ordenar y distinguir, que no tiene tanto mérito cuando se realiza sobre cuerpos externos, […] aumenta de valor cuando se ejerce sobre las operaciones de nuestra mente, dada la dificultad y el esfuerzo con que nos encontramos al realizar. Y aun si no vamos más allá de esta geografía mental o delimitación de las distinta partes y poderes de la mente, es por lo menos una satisfacción ya el llegar así de lejos. (IEH 1, p. 27-28.)

Por la forma en que encomia los resultados de Shaftesbury, Hutchinson y Butler en esta labor, es claro que Hume ve los trabajos de todos ellos como consistentes y acumulativos. No como sistemas filosóficos con una unidad inmodificable, sino como trabajos minúsculos que se van complementando; del modo como ocurre en la historia natural y no como en la filosofía "especulativa".

Eso no significa que en su opinión no exista la posibilidad de inventar (*inventar*, no descubrir) leyes hipotéticas que per-mitan reducir regiones de datos a una sola fórmula, como cuando los almanaques de Tycho fueron finalmente reducidos a las explicaciones de Copérnico, y luego las de éste a las fórmulas todavía más simples de Kepler. Lo que sí significa es que la psicología se halla todavía, en su opinión, muy alejada de metas tan altas.

No hay motivo para perder la esperanza de un éxito semejante [al de la astronomía] en nuestras investigaciones acerca de los poderes mentales y su estructura, si se desarrollan con capacidad y prudencia semejantes. Es probable que una operación y principio de la mente dependa de otra, la cual, a su vez, puede ser resuelta en una más general y universal. Hasta qué punto puedan llegar estas investigaciones, es algo difícil de determinar antes, e inclusive después de intentarlo seriamente. (IEH 1, p. 30.)[1]

---

[1] "Durante largo tiempo los astrónomos se habían contentado con demostrar, a partir de fenómenos, los movimientos, el orden y la magnitud verdaderos de los cuerpos celestes, hasta que surgió por fin un filósofo que, con los más felices razonamientos, parece haber determinado también las leyes y fuerzas por las que son gobernadas y dirigidas las revoluciones de los planetas. Lo mismo se ha conseguido con otras par-

En varias ocasiones, Hume intentó despertar el interés de la sociedad culta escocesa en esta clase de investigaciones y de obtener la colaboración de algunos especialmente capaces. Y de hecho pudo enlistar a varias de las cabezas más brillantes de su época. A la larga tuvo importantes éxitos. Baste mencionar entre sus continuadores a su joven amigo Adam Smith (cuyas aportaciones al proyecto quedaron plasmadas no sólo en la revolucionaria *Riqueza de las naciones* sino también en una *Teoría de los sentimientos morales*) y, en Prusia, al autonombrado "escocés de Königsberg", Immanuel Kant. En los textos en que Hume esboza su proyecto filosófico, puede apreciarse que los obstáculos con que brega son básicamente dos. Por un lado, el desprestigio de la filosofía supuestamente profunda, es decir, de la llamada "metafísica", entre sus conciudadanos cultos, o sea, abogados, científicos, políticos, comerciantes, etc. Por el otro lado, el escándalo de los teólogos y filósofos académicos ante la sugerencia de imitar el método de las ciencias empíricas en temas que se consideraban reservados para la razón más especulativa. Aunque las dos disposiciones que Hume había decidido enfrentar eran opuestas entre sí, coincidían en una cosa: su opinión de que los filósofos serían más útiles a la socie-dad si se dedicaran a escribir ensayos edificantes, sermones morales, consejos para vivir mejor y otros escritos entretenidos y apropiados para la vida cotidiana. Aunque Hume no rehusó del todo esta función, destacando igualmente como ensayista moral, político y estético, su proyecto, como sabemos, asignaba a la filosofía profunda y empírica una función central que aquéllos le negaban –una función central, para él, en la educación de una nación. Según Hume, la investigación científica de la mente humana presta varios servicios útiles a la sociedad. Mejorar la calidad y verosimilitud de los

---

tes de la naturaleza." (IEH 1, p. 29-30.) "Pero ¿no debemos esperar que la filosofía, si es cultivada cuidadosamente y alentada por la atención del público, pueda llevar sus investigaciones aún más lejos y descubrir, por lo menos en parte, las fuentes secretas y los principios por los que se mueve la mente humana en sus operaciones?" (IEH 1, p. 29.)

sermones edificantes y los ensayos de filosofía popular, es sólo el más obvio de ellos. Un segundo y más importante servicio es que la filosofía puede elevar el rigor y reducir la especulación vana en todas las demás profesiones. Pero el tercero y más importante servicio que Hume atribuye a una verdadera filosofía por venir es el de efectuar una revisión de nuestras facultades de conocimiento en general, para determinar qué clase de conocimientos están comprendidos en el dominio de nuestras facultades y cuáles no, de manera que dejen de tentar nuestra curiosidad definitivamente. Ésta empresa que con Kant se colocó en el centro mismo de la filosofía, denominándose crítica de la razón pura. Sin eso, la metafísica seguirá siendo una "fuente inevitable de error e incertidumbre",[2] que es la causa de que científicos y hombres seculares la consideren indigna de atención. "¡Pero no sería más correcto –replica Hume– llevar la guerra a los reductos más alejados en que el enemigo, o sea, la superstición se oculta?" Y es que para él no basta advertir a los hombres de la banalidad de esos construcciones metafísicas, mientras haya tantos que, de buena o mala fe, se internen en los reinos de la superstición y retornen a la sociedad inflamados en entusiasmos tan peligrosos como espurios.[3] En términos que prefiguran el prólogo de Kant a su *Crítica de la razón pura*, Hume concluye diciendo:

La única manera de liberar inmediatamente al saber de esas abstrusas cuestiones [de la metafísica] es investigar seriamente la naturaleza del entendimiento humano y mostrar por medio de un análisis exacto de sus poderes y capacidades que de ninguna manera está preparado para temas tan remotos y abstractos. Hemos de soportar esta fatiga para poder vivir en tranquilidad a partir de entonces. También hemos de cultivar la verdadera metafísica con algún cuidado, a fin de destruir la metafísica falsa

---

[2] "Aquí, en efecto, se halla la más justa y verosímil objeción a una considerable parte de la metafísica: que no es propiamente una ciencia, sino que surge, bien de los esfuerzos estériles de la *vanidad humana*, que quiere penetrar en temas que son totalmente inaccesibles para el entendimiento, bien de la astucia de las *supersticiones populares* que, siendo incapaces de defenderse lealmente, levantan estas zarzas enmarañadas para proteger y cubrir su debilidad." (IEH 1, p. 25)

[3] Otros "por cobardía y desatino, abren las puertas a sus enemigos y de buena gana les acogen con reverencia y sumisión como sus soberanos legítimos." (IEH 1, p. 26)

y adulterada [...] El razonamiento riguroso y preciso es el único remedio universal válido para todas las personas y disposiciones [o sea, tanto para el temperamento especulativo como para el secular] y sólo él es capaz de derrumbar aquella filosofía abstrusa y jerga metafísica que, al estar mezclada con la superstición popular, la hace en cierto modo impenetrable para quien razona descuidadamente y le confiere la apariencia de ciencia y sabiduría (TEH 1, p. 26-27).

He aquí de labios de un escocés de veintinueve años, la primera declaración del sentido y la importancia de emprender una crítica de la razón pura. Se trata del "examen preciso de los poderes y facultades de la naturaleza humana", para después poder recorrer con seguridad los terrenos que le pertenecen sin sentir curiosidad por lo que sabrá impenetrable.

A lo largo de los tres libros que componen el *Tratado*, Hume va esclareciendo muchos de los malos entendidos filosóficos que prestan cobijo a las supersticiones populares. Cualquier selección de estos esclarecimientos serviría como justificación para leer a Hume hoy. Mi selección obedece a mi creencia de que ciertos mitos subsisten en el nuestro medio, o a que son cruciales para comprender el desarrollo de las ideas de Hume.

Me referiré al esclarecimiento que Hume hace de tres malos entendidos muy comunes y de consecuencias muy vastas:

1. La necesidad que atribuimos a las leyes de la naturaleza.
2. La libertad que adscribimos a los hombres.
3. La idea de que las uniones políticas dependen de un "contrato social" y que, por ende, sólo se está obligado a cumplir leyes que se justifiquen en sí mismas, reservándose los asociados un derecho a rebelarse contra cualquier ley o gobierno que se extralimite.

La necesidad de las leyes de la naturaleza

Por alguna ironía de la vida, el *Tratado de la naturaleza humana* (TNH), que es la exposición más completa y detallada de la filosofía de Hume, y que éste publicó antes de cumplir 30 años de edad, "nació muerto". Ésas son sus palabras. La obra maestra del pensador maestro de la Ilustración escocesa no salía de las librerías. Frustrado, el joven Hume escribió primero en una revista académica una reseña anónima de su propia obra ("Compendio de un tratado de la naturaleza humana"), en la que intentó el resumen más compacto posible del argumento central del libro sobre el entendimiento y el punto más importante del libro sobre las pasiones. A lo largo de los años refundió los tres libros del *Tratado* en otros tantos ensayos en estilo más accesible: la *Investigación sobre el entendimiento humano*, el *Discurso sobre las pasiones* y la *Investigación sobre las fuentes de la moral*. Éstas son las obras en que sus contemporáneos le conocieron, más que en el *Tratado*.

El argumento que el *Compendio* resume, dice así:

Primero, como sabe cualquiera que conozca la diferencia entre sentir y pensar, todas las ideas que podamos pensar o recordar son siempre *copias* de otras percepciones previas, más intensas y brillantes, a las que llamamos impresiones. Nunca podemos pensar en cosa alguna que no hayamos visto fuera de nosotros (imágenes) o sentido en nuestras propias mentes (pasiones y emociones).

Toda idea con que sea equipada la imaginación [o entendimiento, pues son lo mismo] hace primeramente su aparición en una correspondiente impresión. Estas últimas percepciones son todas tan claras y evidentes, que no admiten controversia; si bien muchas de nuestras ideas son tan oscuras, que es casi imposible incluso para la mente que las forma, decir exactamente su naturaleza y composición. (*Comp.*)

Cuando necesitamos verificar algún hecho que no está inmediatamente ante nosotros (un hecho presunto en el pasado, en el futuro o en otro sitio), razonamos sobre las causas y efectos que pueden haberlo producido o inhibido. En otras palabras, nuestro razonamiento depende de la idea de causa. Pero la idea de causa, una vez analizada en las impresiones que la originaron, tiene tres ideas componentes: un hecho-causa y un hecho-efecto que son contiguos (coinciden) en tiempo y en lugar; el primero ocurre inmediatamente antes que el segundo; y se repiten constantemente en nuestra experiencia conjunciones de hechos del primer tipo con hechos del segundo tipo.

Más allá de estas tres circunstancias de contigüidad, prioridad y conjunción constante, nada puedo descubrir en la idea de causa. Pongamos como ejemplo la transmisión de movimiento. Una bola de billar está en movimiento; toca a la segunda; inmediatamente la segunda se pone en movimiento; y en las mismas o semejantes circunstancias, encuentro que al movimiento y contacto de una de las bolas, sigue siempre el movimiento de la otra.

Nada más. Cuando no veo los dos hechos, sino que conozco uno de ellos y de ahí concluyo que el otro existe (o existió o existirá) aunque no lo experimente, esta inferencia no es del tipo de las demostraciones racionales (como las matemáticas). En una demostración, lo contrario de la conclusión es imposible; pero en una inferencia causal, lo contrario no es imposible. Por ejemplo, no es imposible juntar las ideas de una bola que choque con otra, y dos bolas que se queden juntas e inmóviles, o que la primera regrese por donde vino y la segunda permanezca firme en donde estaba, o muchas otras posibilidades. En contraste con aquél, el conocimiento de que 79+17=96 es apodíctico. Basta analizar cuidadosamente ambos números y juntar todo lo que quede para percatarse que cualquier otro resultado sería contradictorio.

Se sigue que todos los razonamientos basados en secuencias de causas con efectos, que son la mayor parte de los que usamos en la vida, se fundan en la experiencia anterior y reiterada de esos eslabones causales, si no todos juntos, al menos sí por separado. "Concluimos que causas similares, en circunstancias similares, producirán siempre efectos similares." Se basan por consiguiente en la suposición de que el curso de la naturaleza que hemos observado continuará siendo uniformemente el mismo; que el futuro ha de ser conforme al pasado.

Este supuesto, sin embargo, no puede probarse de ningún modo: ni por una demostración racional ni por una inferencia empírica. Lo primero no, porque no hay contradicción alguna en pensar un momento en que todo comience a suceder en forma inédita. Y lo segundo tampoco, porque la inferencia que lo comprobara tendría que basarse en la misma suposición que debe justificar, incurriendo así en un vicioso círculo argumentativo. "Lo único que nos determina a suponer que el futuro es conforme con el pasado es la costumbre." (*Comp.*)

Y en general, como todos los argumentos probables (no apodícticos o matemáticos) se basan en ese supuesto, y el supuesto se basa en la costumbre, debemos concluir que la guía de nuestra vida, en todo cuanto tiene que ver con causa y efectos naturales, no es la razón ni sus razonamientos sino la costumbre y la experiencia. "Ella sola determina a la mente, en toda instancia, a suponer que el futuro es conforme con el pasado. Por fácil que este paso pueda parecer, la razón nunca sería capaz […] de llevarlo a cabo." (*Comp.*)

Éste es el esquema del argumento por el que Hume hizo su más importante descubrimiento relativo a una seria limitación que afecta nuestro entendimiento. Con modestia algo fingida él lo califica de "muy curioso descubrimiento"; para Kant, en cambio, fue "el despertador de su sueño dogmático" sobre las ilimitadas capacidades de la razón y se convirtió en el desafío que motivó su *Crítica de la razón pura*. Veamos ahora otros hechos a los que esto le conduce.

Quiero señalar aquí la encrucijada en la que Hume y Kant toman caminos diferentes. Como sabemos, Kant tomó este resultado de Hume como un escarmiento para los afanes trascendentes del entendimiento, quiero decir, para todo razonamiento que pretenda inferir causas o efectos situados más allá de *toda experiencia posible*. Pero a la vez le pareció un escándalo, pues como Hume lo hacía valer también para los razonamientos mediante los cuales conocemos *todas* la causas y efectos, su postura parece rebajar el grado de necesidad y de certidumbre de las leyes de la física, por ejemplo, de las leyes de Newton. Para Kant, es inadmisible que estas leyes estén apoyadas en una suposición indemostrable como la de uniformidad de la naturaleza; sólo podrían basarse en ella, si ésta fuera demostrable. En la *Crítica* Kant se empeñó, pues, en demostrar que este supuesto, aunque no pueda probarse ni matemáticamente ni empíricamente, admite lo que él llama una demostración "trascendental", es decir, la demostración de que ponerlo en cuestión equivale a poner en duda también las experiencias inmediatas. Su argumento "trascendental" es demasiado sutil y rebuscado para exponerlo aquí.

Hume, en cambio, prosiguió el camino que había emprendido, sin tratar de restituir a los principios del movimiento de Newton el estatus privilegiado de leyes universales y necesarias de la naturaleza. Más bien, convencido de las serias limitaciones que descubrió en las capacidades para conocer de nuestro *entendimiento*, se propone mejor buscar las cualidades de nuestra *sensibilidad* que subsanan esa deficiencia y dan al entendimiento lo necesario para los cálculos de los que depende la vida cotidiana de los hombres. Veamos esto.

Las inferencias mentales que sobre causas o efectos realizamos en la vida no sólo nos llevan a *concebir* el hecho buscado, sino a *creer* en él. Esta creencia es diferente de la que acompaña a una demostración. En una demostración me hago consciente de la necesidad apodíctica de la proposición demostrada. Esta conciencia constituye mi creencia. En el caso de las inferencias, no hay necesidad ni por ende conciencia de la necesidad. ¿Qué es pues la creencia? ¿Qué es lo que distingue la concepción de un hecho *creído* de la del mismo hecho *pensado*? ¿Qué distingue una creencia de una simple concepción?

Habiendo distinguido entre dos únicas facultades humanas, sentir y pensar, y sus correspondientes objetos, no puede ser sino un sentimiento o una idea. Pero si la creencia no fuera una idea, tendríamos que poder libremente unirla o separarla de cualquier complejo de ideas. O sea, tendríamos que empezar a creer o dejar de creer cualquier cosa en cualquier momento *ad libitum*; lo que es notoriamente imposible. No queda, pues, sino que la creencia sea un sentimiento que acompaña nuestra reflexión o evocación de una idea: "una diferente manera de concebir un objeto [...] distinguible por el sentimiento [no por el entendimiento]". Este sentimiento no puede ser definido; pero es peculiar y bien conocido por cualquiera. De hecho, sólo la verdadera creencia en algo excita las pasiones, como todo el mundo sabe.

La conclusión de la investigación de Hume, que desde luego comprende exploraciones mucho más minuciosas que lo aquí presentado, es que la sensibilidad asiste al entendimiento y subsana las deficiencias que éste tiene respecto de nuestras necesidades prácticas. Más que el entendimiento, es el efecto de la costumbre sobre la sensibilidad lo que va formando en nosotros un corpus de creencias con pesos específicos. Son estas creencias las que determinan cómo conducimos día a día.

Podemos decir que el resultado de su crítica del entendimiento es una teoría de la acción que podríamos llamar de *racionalidad limitada*, dado que la sensibilidad y la experiencia acumulada tienen la última palabra sobre nuestra conducta, que el cálculo racional. Una consecuencia de ello es que nunca o casi nunca podemos discernir la acción que optimice nuestras preferencias, y que en su defecto preferimos seguir actuando en la misma forma que ha sido satisfactoria en el pasado.

> La filosofía contenida en este [primer libro] es muy escéptica, y tiende a darnos una noción de las insuficiencias y estrechos límites del entendimiento humano. Casi todo razonamiento es en él reducido a la experiencia; y la creencia, que acompaña a la experiencia, es explicada como no otra cosa que un peculiar sentimiento, o concepción vívida producida por el hábito. (*Comp.*)

La teoría del libre albedrío

La severa reducción que Hume inflige a las aspiraciones de necesidad de las inferencias naturales y el descubrimiento del papel que en éstas juega el sentimiento, le lleva a cuestionar el supuesto de que las acciones humanas se distinguen de las acciones naturales por la *libertad* de aquéllas y la *necesidad* de éstas. Si ya acompañamos a Hume en el trabajo de reducir la fuerza epistemológica de las inferencias naturales a las *expectativas sentidas* que resultan de las experiencias que hayamos tenido de fenómenos similares, entonces no hay razón para distinguir entre el nexo que conecta causa y efectos naturales y el que conecta motivos y acciones humanas. No hay entre ellos ninguna diferencia de naturaleza, porque ambas conexiones causales son subjetivas.

Dependen del ojo y la experiencia del observador; no de los objetos observados. Según esto, el calificativo "libre" *aplicado a la acción* de un individuo significa solamente que la determinación de su desempeño verbal o jurídico depende exclusivamente de su volición, y de la de nadie más; compulsada, si depende (también) de la volición de otro individuo. Pero el calificativo "libre" *aplicado a la voluntad misma* del individuo, resulta un contrasentido, pues es tanto como referirse a una volición (una determinación de la voluntad) que no depende de la voluntad.

La manera como Hume procede en este respecto es comparar la forma de las inferencias "naturales", mediante las cuales inferimos las causas o las consecuencias de un suceso natural, y nuestras inferencias "morales", mediante las cuales inferimos las motivaciones de una acción humana, o las acciones humanas que resultarán de cierta motivación.

> La inferencia moral [dice Hume] no es sino una conclusión referente a las acciones de los hombres y derivada de la consideración de sus motivos, carácter y situación. [...] Este tipo de razonamiento son válidos en política, guerra, comercio o economía [y en general en toda reflexión que hagamos sobre lo que hará alguien o hizo en el pasado.] (TNH 2.3.1, p. 604).

Estas inferencias morales dependen, por consiguiente, de que nuestras acciones tengan una unión constante con nuestros motivos, con nuestro carácter y con nuestras circunstancias. Como eso lo aprendemos por experiencia poco a poco, en la medida en que convivimos con personas de diferentes sexos, edades, nacionalidades, condiciones sociales y modos de educación, pronto advertimos en la vida que causas similares producen efectos similares, en circunstancias similares. Pero eso es lo mismo que ocurre con nuestros razonamientos empíricos sobre causas y efectos naturales.

Es verdad que no sentimos ninguna fuerza o compulsión interna para hacer lo que no queremos, y en este sentido pode-mos llamarnos libres; no obstante que nuestro querer esté determinado, como bien sabemos, por las características que enumeramos más arriba, además de otras más particulares.

Sin embargo, esto no nos distingue en absoluto de los cuerpos naturales. Tampoco en ellos existe una fuerza necesaria. Toda la "necesidad" que podemos atribuir a su comportamiento se basa en el sentimiento del observador.

En consecuencia, afirma Hume, existe un curso general de la naturaleza en las acciones humanas, igual que lo hay en las operaciones del sol o del clima. Existen también caracteres peculiares a diferentes naciones y personas particulares, igual que existe un carácter común a la especie humana. El conocimiento de estos caracteres está basado en la uniformidad en las acciones que fluyen de ellos, y de esta uniformidad se forma la esencia misma de la necesidad [...] En tanto que las acciones tengan una unión y conexión constantes con la situación y el carácter del agente, [...] tendremos que reconocer la necesidad. (TNH 2.3.1, p. 602.)

Y aunque sea verdad que los hombres no responden siempre de la misma manera ante las mismas situaciones, eso no debilita en nada la conclusión anterior, puesto que lo mismo exactamente ocurre con los fenómenos naturales. El clima no viene siempre igual; juzgamos de él por las experiencias pasadas y la frecuencia relativa de las diversas respuestas observadas. De ahí surge el grado de fuerza que acompaña a una creencia y la que acompaña a la creencia opuesta.

A esto sólo habría que agregar que así como la constante unión entre fenómenos nos determina a esperar el efecto acostumbrado, con la condiciones y motivaciones humanas pasa lo mismo: una vez que vemos una pauta motivacional conocida, sabemos qué esperar de esa persona y de otras personas en la misma situación, al menos con cierto grado de probabilidad. ¿No es pues absurdo, concluye Hume, atribuir necesidad a unas cosas y negársela a las otras?

La distinción entre la causalidad y la consecuencia lógico-matemática con que Hume comenzó toda esta investigación, permite esclarecer el papel que tiene la teoría de la libertad en los juicios morales y jurídicos. Y aquí Hume ataca lo que considera un tercer mito de la filosofía.

Tradicionalmente –dice– han sido los moralistas (también llamados "humanistas"), desde púlpitos, universidades o tribunales, quienes defienden la teoría del libre albedrío porque, según ellos, de otra manera no cabría atribuir *responsabilidad* a la persona omisa que debía haber hecho algo o a la persona infractora que debía haberse abstenido. Contra esta opinión, Hume intenta mostrar que, lejos de implicar el vano concepto de libertad, lo que la responsabilidad supone es la necesidad. Su razonamiento es como sigue.

Primero reitera la conclusión ya explicada de que la necesidad, bien entendida, consiste en la unión constante de objetos similares; o lo que es igual, en la inferencia que hace la mente experimentada para pasar a uno en cuanto percibe el otro. Luego agrega que, en cualquiera de estos sentidos, la necesidad es de hecho presupuesta en las consideraciones de cualquier juicio de moral o derecho, ya sea explícita o tácitamente. Nunca nadie habría pretendido negar la posibilidad de hacer inferencias morales, ni que éstas se basan en la unión constante o frecuente de acciones similares con motivos y circunstancias similares. Si se encierra al delincuente, es bajo el supuesto de que, si se lo dejase en libertad, bastaría que se encontrara en circunstancias similares para que cometiera delitos similares. La necesidad es, así, un presupuesto de la penalización.

> Me atrevo a afirmar [dice Hume, para concluir] que esta clase de necesidad es tan esencial a la religión y a la moralidad que sin ella, se seguiría una absoluta subversión de ambas, y que cualquier otra suposición destruye por completo toda ley [En] cuanto que todas las leyes humanas están basadas en premios y castigos, se ha supuesto como principio fundamental que estos motivos influyen sobre la mente, produciendo las buenas acciones y a la vez impidiendo las malas. (TNH 2.3.2, p. 611.)

De la misma manera, las acciones de una persona no podrían granjearle el mérito o el demérito, si no sirvieran como evidencias sensibles de su carácter y disposiciones, es decir, si no se consideraran como efectos de ciertas causas ocultas. Nuevamente, sin aplicar el concepto de causa, *en el sentido empirista* ya explicado, la moral carecería de sentido.

¿En dónde estriba, pues, la renuencia de teólogos y humanistas a abandonar un concepto que niega en los hechos, o sea, el del libre albedrío? Para Hume, en una razón muy simple: creen que hay alguna otra alguna otra conexión entre las operaciones de la materia, además de la conjunción de causas similares con efectos similares, creen en algo a lo que llaman "fuerza", aunque son incapaces de mostrarlo. Esto significa que su error proviene de su desconocimiento de la verdadera índole de las ciencias naturales –un error muy fácil de cometer si no se ha hecho la crítica de las facultades humanas cuyo estudio corresponde a la nueva filosofía.

> Yo no atribuyo a la voluntad esa ininteligible necesidad que se supone en la materia. Por el contrario, atribuyo a la materia esa inteligible cualidad (se llame necesidad o no) que hasta la ortodoxia más rigurosa reconoce o debe reconocer como perteneciente a la voluntad. Por consiguiente, no introduzco cambio alguno en los sistemas [de pensamiento] admitidos por lo que respecta a la voluntad, sino sólo por lo que respecta los objetos materiales. (TNH 2.3.2, p. 611.)

Para fines de la exposición, demos por cierto el principio y veamos qué consecuencias se siguen de él. Nos dice: *al juzgar las acciones de los hombres, deberemos proceder basándonos en las mismas máximas que cuando razonamos sobre los objetos externos.* Esto tiene varias consecuencias metodológicas. Todas ellas valen tanto para nuestras inferencias morales, relativas a humanos, como para las inferencias naturales, relativas a cosas externas. Por ejemplo:

- Inferencia cierta: "cuando dos objetos se hallan en constante e invariable conjunción mutua, adquieren una conexión tal en nuestra imaginación que ésta pasa del uno al otro sin la menor duda ni vacilación".
- Inferencia probable: Aquellos otros con una conjunción menos constante, también adquieren una conexión en nuestra imaginación, pero más débil, y nuestra mente pasa del uno al otro

con menos seguridad. Debajo, pues, de la certeza moral que conviene al primer caso,

existen muchos grados inferiores de evidencia y probabilidad; y [por consiguiente] tampoco refuta todo nuestro razonamiento un evento excepcional aislado. [Más bien, la] mente sopesa los eventos en contra, y deduciendo el inferior del superior, procede con el grado de seguridad o evidencia restante.

* Principio de causalidad universal:

Aun cuando haya el mismo número de eventos en contra que a favor, no por ello hacemos desaparecer las nociones de causa y de necesidad, sino que suponemos que esta variación se debe a la influencia de [otras] causas contrarias y ocultas. Concluimos, pues, que [cualquier dosis de] azar o indiferencia está sólo en nuestro juicio [y existe sólo] por nuestro imperfecto conocimiento, y [que] no [está] en las cosas mismas, que en todo momento son idénticamente necesarias, aunque no se manifiesten idénticamente constantes.

* No hay menos regularidad moral que natural: "No existe [ejemplo de] unión más constante y cierta que la que algunas acciones muestran con algunos motivos y caracteres".
* La irregularidad moral no es una excepción al principio de razón, como tampoco lo es la irregularidad natural: "Hay casos en que la unión [de acciones con motivos y caracteres] no es segura, [sin embargo] no ocurre otra cosa en las operaciones de los cuerpos." Por lo tanto, "no podemos concluir nada de la irregularidad de la primera [unión] que no se deduzca también de la otra [unión no menos irregular]". (TNH 2.3.1, p. 603.)

De hecho, nuestras inferencias morales y naturales son tan parecidas entre sí y homogéneas, que frecuentemente combinamos causas materiales con acciones morales en una, y la misma en nuestra deliberación, sin que eso debilite la fuerza del razonamiento. Como en el siguiente ejemplo:

El prisionero que no tiene ni dinero ni alguien que se interese por él, descubre la imposibilidad de escapar a causa, tanto de la obstinación de su carcelero como de los muros y rejas que le rodean. Y en todos sus intentos por alcanzar la libertad, antes prefiere romper la piedra y el hierro de éstos que torcer la inflexible naturaleza de aquél. Y si este mismo prisionero es conducido al patíbulo, prevé su muerte con igual certeza por la constancia y fidelidad de sus guardianes que por la acción del hacha y la rueda. Su mente pasa por una cierta serie de ideas: la negativa de los soldados a dejarle escapar, la acción del verdugo, la separación de la cabeza del tronco, la efusión de sangre, los movimientos convulsivos y la muerte. Ésta es una [sola] cadena en que están conectadas causas naturales y acciones voluntarias; la mente, sin embargo, no encuentra diferencia alguna entre ellas. (TNH 2.2.1, p. 606.)

Visto, pues, que las reglas del método no tienen por qué diferir entre el dominio de la naturaleza y el dominio del ser humano, podemos ver un ejemplo de la manera como las aplica a este último, que es el trabajo al que Hume dedica el tercero y último libro del *Tratado*: la aplicación del verdadero método empírico positivo a las cuestiones sociales, políticas y morales. Tomemos los problemas de *cómo se forman los cuerpos políticos, cuál es la naturaleza de la autoridad política* y *dónde están sus límites morales.*

La idea de que la unión política y la paz social dependen de una especie de "contrato" social

El cuarto y último prejuicio seleccionado es la convicción, que Hume atribuye a los filósofos liberales, especialmente los seguidores de John Locke, de que la unión social y política dependen de un *contrato*, entendido como un intercambio de promesas.

Para Hume, se puede conceder razón a estos contractualistas, sólo si esa *igualdad general* en que basan su teoría se refiere a las potencias y facultades humanas antes de haber sido cultivadas por la educación, lo cual significa, mientras no hubieran vivido décadas y generaciones en el seno de una sociedad. Por consiguiente, el sentido en el que se puede aceptar la teoría del contrato social es como una conjetura sobre lo que ocurre en el origen de las más primitivas agrupaciones sociales.

Éste es, sin embargo, el único sentido en el que Hume cree que se podría acceder a la teoría del contrato social; y se opone a conceder las mucho más ambiciosas interpretaciones que Locke y otros filósofos políticamente comprometidos querían dar a esta conjetura del consentimiento originario, y sobre todo a suscribir las consecuencias prácticas y morales que con ello esperan reivindicar, a saber, que la obediencia civil es esencialmente condicional y que por ende la desobediencia civil y hasta la rebelión armada constituyen un derecho imprescriptible de la sociedad.

> Afirman no sólo que el gobierno *nació* [prehistóricamente] del consentimiento o, mejor [dicho] de la aquiescencia voluntaria del pueblo, sino que incluso *ahora*, ya alcanzada la madurez [de las sociedades políticas] carece de otro fundamento. Aseguran que los hombres *siguen naciendo iguales* y no deben obediencia a príncipe o gobierno alguno, a menos de estar ligados por la obligación y sanción de una *promesa* [que previamente le hayan dado] Y como ningún hombre consciente de las ventajas de su libertad originaria [renunciaría a ellas y] se sujetaría a la voluntad de otro sin obtener algo a cambio [esto es, una *contraprestación*], esa promesa se entiende siempre como *condicional*, y como imponiéndole obligación, sólo si no encuentra justicia y protección en su soberano, y mientras la encuentre. Éste, a cambio, tendría que haber prometido tales beneficios [o contraprestaciones] y si no cumple con ellas, habrá roto las cláusulas del compromiso y liberado con eso al súbdito de toda obligación. (*Contrato*, pp. 99-100.)

Contra estas consecuencias (únicas que darían relevancia política a la conjetura del contrato), Hume sigue el mismo procedimiento que con todas las ideas filosóficas que sospecha vacuas: averiguar si tienen sentido por medio de retroceder hasta las impresiones de las que se originaron (que es, por cierto, el método que el propio Locke, otro filósofo empirista, recomendaba emplear). Si hacemos esto con la idea de un contrato social, dice Hume, no podemos encontrar ninguna experiencia que la sustente, de donde debe concluirse su vacuidad y dejar de usarse como criterio para determinar los derechos y obligaciones de los ciudadanos.

En primer lugar, los pactos de las sociedades antiguas, aunque pudieran confirmarse, no pueden preservar su autoridad después de tantas generaciones. Es más, ni siquiera se puede comprender cómo la autoridad de un pacto pueda pasar de una generación a la siguiente; pues los contratos no pueden obligar sino a las partes que los hayan celebrado. Además de esta dificultad jurídica, agrega Hume, carecemos de pruebas históricas o empíricas de que los gobiernos en ninguna época o país hayan surgido por medio de un pacto voluntario. Antes bien, la mayoría de los que conocemos han surgido de una conquista o usurpación, y ninguna de ellas se puede considerar como un consentimiento y pacto voluntario. Se dice ciertamente que en algunas gloriosas ocasiones un gobierno no fue fundado por la fuerza, sino por elección. Pero aun en tales casos, replica Hume, la elección nunca es la libre expresión de voluntades que un contrato moderno requiere, sino bien la elección de unos cuantos poderosos o bien la furia irreflexiva de una multitud siguiendo a un líder al que desconocen. Elecciones anárquicas como éstas, o minoritarias cual las primeras, no pueden considerarse como equivalentes a un contrato unánime.

> Es vano decir que todo gobierno se funda, o debe fundarse en un principio en el consenso popular [Yo] mantengo que la realidad humana nunca admitirá ese consentimiento [...] y que, por el contrario, la conquista y la usurpación, es decir, la fuerza [que reinstaura algún orden] al disolverse los antiguos gobiernos, es el origen de casi todos los nuevos [gobiernos] y que en las pocas ocasiones en que puede parecer que ha habido consenso [como en las insurrecciones multitudinarias] es por lo común tan regular, limitado o teñido de fraude o violencia que su autoridad no puede ser mucha. (*Contrato*, pp. 103-104.)

Una manera de resolver tantas dificultades para identificar el momento en que *se manifiesta* el consentimiento de todas las partes; de hecho, una respuesta empleada ya desde Hobbes, es la de invertir la carga de la prueba, argumentando que el contrato social se celebra y se mantiene *tácitamente*. En otras palabras, el consentimiento queda probado *por default*, y sería el *abandono* del pacto, la rescisión individual o colectiva, lo que eventualmente se manifestaría en forma sensible.

Contra esto, Hume objeta que el mero hecho de permanecer en un territorio, dominado por el gobierno que sea, no puede tomarse como *signo* no verbal de consentimiento; y la razón de ello es que ese individuo no podría abandonar su entorno social, sin morir, para manifestar su desacuerdo con el pacto. Dicho de otra manera, cuando la expresión de disentimiento sea tan gravosa, no puede decirse que la no-manifestación sea signo de consentimiento.

Hume presenta un argumento formal o lógico que destruiría simultáneamente los dos tipos de teorías que fundan el deber de obedecer las leyes de nuestro Estado en un contrato pre adquirido y en el deber de honrar nuestras promesas. El argumento comienza distinguiendo todas las virtudes o deberes morales en dos clases; pues vemos fácilmente que hay deberes que realizamos con gusto, porque la conducta que ordenan coincide con lo que haríamos por puro instinto, y otros que no hacemos con el mismo gusto, porque no coinciden y hasta se oponen a nuestra inclinación natural.

Por ejemplo, el cuidado de nuestros hijos, el agradecimiento para con nuestros benefactores y la compasión por los desgraciados, son deberes, pero independientemente de ello, sentimos una fuerte inclinación a comportarnos tal como prescriben. En cambio, deberes como la justicia, o sea, el deber de respetar el derecho y los bienes ajenos, son deberes que, si cumplimos, es siempre *a pesar de nuestros instintos*. Y, digámoslo así, por puro "sentido del deber".

Ahora bien, el deber que ahora nos ocupa, el de obedecer las leyes y las disposiciones del gobierno, pertenece evidentemente a la segunda clase. "Nuestros instintos primarios –como es obvio– nos llevan a concedernos una libertad ilimitada y a tratar de dominar a los demás". Pero si no es un instinto humano el que nos conduce a obedecer la ley, ¿qué otra cosa nos impulsará?

Atendiendo a Locke, responderíamos que debemos obedecer al gobierno porque así lo tenemos prometido. Pero esa respuesta no puede dar satisfacción a la duda, que retorna: "¿y por qué debemos cumplir nuestras promesas? ¿Acaso este deber de fidelidad no va también en contra de nuestras inclinaciones naturales?" Sería inaceptable responder circularmente, diciendo que debemos obedecer las promesas porque lo tenemos prometido.

De inmediato advertimos, pues, que el deber de fidelidad a las promesas es de la misma clase que el deber de obediencia civil: no es ni tantito más acorde con nuestros instintos que éste. A primera vista puede parecer más fácil de entender, y que por lo tanto puede explicarlo.

Esta conclusión, aunque parece clara y obvia, nos lleva a preguntarnos dos cosas. Primero: ¿cómo puede haber "deberes naturales"? Y segundo: ¿cómo puede surgir artificialmente el deber de cumplir nuestras promesas y compromisos, pues no será, evidentemente, por una promesa de cumplir nuestras promesas?

A la primera pregunta debemos responder que los deberes "naturales", como, por ejemplo, el deber de la piedad, no son propiamente "deberes" innatos. Un instinto natural, bueno o malo, puede compulsarnos fuertemente, pero no es un deber, no hay que confundir la fuerza con que lo experimentamos con la obligatoriedad de un deber.

> [Los] hombres se ven impelidos por un instinto natural o propensión innata [a efectuar los deberes naturales], con independencia de cualquier idea de obligación y de cualquier consideración de utilidad. [Pero hasta aquí no experimentan todavía los sentimientos que típicamente acompañan un deber.] Cuando reflexionamos sobre las ventajas que para la sociedad tienen ciertos instintos humanos [y sólo entonces,] les ofrecemos el justo tributo de aprobación y estima moral; aunque la persona sobre la que obran [los impulsos] experimenta su poder e influencia con anterioridad a la reflexión. (*Contrato*, p.109.)

Esto significa que, para Hume, los instintos pueden motivarnos antes de tener carga moral, o hasta sin ella, y que sólo la obtienen cuando los miembros de la sociedad hemos reflexionados y aprendido las ventajas que todos obtenemos del hecho de que todos los miembros se comporten de esa manera.

De hecho, cualquier pauta de conducta que sea beneficiosa para la sociedad, surja o no de instintos, conseguiría muy pronto que notáramos sus ventajas y que le otorgáramos aprobación, así como que comenzáramos a exigírnoslo mutuamente, creando expectativas de que los demás seguirán comportándose conforme a la pauta, mientras nosotros lo hagamos. En otras palabras, no es su coincidencia ni su oposición a los instintos lo que otorga una carga moral a *cualquier* pauta de conducta (sean instintivo o no). Son más bien la reflexión que los miembros de una sociedad hacen sobre su utilidad general y la comunicación recíproca de su opinión al respecto las que operan este cambio.

La fidelidad a nuestras promesas es precisamente una de estas pautas de conducta que, aun sin surgir de nuestro instinto, son sancionadas por las ventajas que tiene para la sociedad en general, por la opinión general sobre éstas y por la comuni-cación recíproca de esta opinión. Es obvio que justamente esta obligación no puede surgir por una promesa previa, pues eso implicaría un círculo vicioso y semejante institución aún no existiría.

Como la posibilidad de hacerse promesas unos a otros, cuando puede uno apoyarse y confiar en ellas, conlleva enormes ventajas para las sociedades, es de esperar que siempre que la promesa aparezca en una sociedad, por más rudimentaria que sea su forma, pronto se fijará, se extenderá y se multiplicará en modalidades de contratación cada vez más complejas, más especializadas y más eficientes. Y su cumplimiento será algo requerido por todos los miembros de la sociedad a todos los demás.

Los llamados "deberes naturales" aparecen entre nosotros por los instintos, pero son sancionados por la reflexión sobre los instintos, según ha mostrado Hume. Otros deberes, como respetar la propiedad ajena y el de cumplir leyes y decretos, surgen al mismo tiempo que son sancionados, es más, sólo surgen cuando son sancionados y porque son sancionados. Aquéllos son los deberes naturales; éstos, artificiales. Pero el deber de cumplir las promesas no puede surgir de ninguna de las dos formas. Nadie cree que sea *natural*, y sería contradictorio considerarlo *artificial*. La forma en que surge y es sancionado, la forma que acabo de esbozar, puede denominarse *convencional*.

Veremos en breve con mayor detalle cómo explica Hume la formación de las convenciones y de su autoridad, pero antes concluyamos su refutación de la teoría lockeana del contrato social como intercambio de promesas. Es muy simple. Si el proceso de convención resulta convincente para explicar la aparición de las promesas y su fuerza vinculatoria, podría emplearse también para explicar *directamente* la obediencia civil, y en general todas las virtudes "artificiales". La idea es que si un deber artificial como el de honrar nuestras promesas puede explicarse sin compromiso previo y sólo mediante la experiencia y reflexión compartidas de su utilidad, entonces la justicia y la obediencia civil podrían explicarse de la misma manera. Ahora bien, una explicación breve y directa es preferible a una indirecta y prolongada, metodológicamente hablando. Habrá pues que preferir también aquí la primera. El paso intermedio que consiste en usar el deber de fidelidad para apuntalar los otros deberes resultaría innecesario y gratuito.

¿Qué necesidad hay –pregunta Hume– de basar el deber de obediencia [...] en el de la fidelidad o respeto a las promesas, y de suponer que es el consentimiento de cada individuo lo que le sujeta al gobierno, cuando resulta que tanto la obediencia civil como la fidelidad tienen un mismo fundamento, y la humanidad se somete a ambas por causa de los notorios intereses y necesidades de la sociedad humana? Hemos de obedecer a nuestro soberano, se dice, porque así lo hemos prometido tácitamente. Pero, ¿por qué hemos de observar nuestra promesa? Aquí ha de afirmarse que el comercio y trato entre los hombres, que tantas ventajas proporciona, no puede tener seguridad alguna donde las personas no hacen honor a sus compromisos. De igual modo puede decirse que los hombres no podrían vivir en sociedad, o al menos en una sociedad civilizada, sin leyes, magistrados y jueces que impidan los abusos de los fuertes sobre los débiles, de los violentos sobre los justos y equitativos. Y si la obligación de obediencia tiene la misma fuerza y autoridad que la fidelidad, nada ganamos reduciendo una a la otra. Los intereses y necesidades generales de la sociedad bastan para implantar ambas. (*Contrato*, p. 110.)

Para comprender el deber cívico, Hume cree que se deben buscar las condiciones de la evolución y desarrollo de las opiniones que los miembros de una población llegan a compartir. Debemos preguntarnos exactamente por qué todos los miembros de una sociedad llegan a la convicción compartida de que no pueden subsistir sin un gobierno y sin que todos los ciudadanos estén obligados a obedecerle por igual, con su consentimiento o sin él. El deber de obedecer al gobierno evoluciona junto con los deberes de la justicia y la fidelidad, y precisamente porque éstos no subsistirían sin gobierno. Como ambas virtudes son artificiales, y por consiguiente van en contra de nuestras inclinaciones naturales, necesitamos un gobierno que los apuntale, y éste a su vez requiere la obediencia estricta de todos sus súbditos.

La naturaleza convencional de la unión social

En la sección anterior, hemos dicho que para Hume los tres deberes exigidos en toda sociedad avanzada evolucionan de manera simbiótica; y ninguno podría hacerlo sin los otros. Sin embargo, debemos agregar que en muchas ocasiones también afirma que el gobierno y la obediencia civil sólo existen para apuntalar la justicia. Podría ser, entonces, que la justicia constituya la virtud artificial central. No surge antes que las otras obligaciones, ni sin ellas, pero las otras existen por y para la justicia. Ésta es la primera virtud que debemos explicar.

El carácter convencional de la justicia se demuestra fácilmente, según Hume, por medio de modificar imaginativamente las condiciones naturales de nuestra vida en esta tierra. El ejercicio que nos propone (TNH 3.2.2) se asemeja a los que con frecuencia han ensayado los poetas, cuando describen una fantástica edad dorada o un paraíso, así como los filósofos, notablemente Hobbes, al describir un "estado de naturaleza" en que la necesidad y la indigencia privan. La realidad en nuestro planeta se encuentra constantemente en algún punto intermedio de estos extremos; sin embargo, la variación mental de estas condiciones permite saber que el interés de cualquier población que viva entre ambos extremos se verá favorecido por la justicia, o sea, al garantizar la propiedad sobre los bienes externos e intercambiarlos de manera voluntaria exclusivamente. La configuración y las reglas particulares de la propiedad pueden variar mucho de una sociedad a otra, y en función de su ambiente, de sus antecedentes, y hasta de accidentes de su imaginación, etc. Pero la institución misma de la justicia y la propiedad, tomada en abstracto, surge naturalmente en todas las sociedades. Eso la hace una virtud *artificial*, puesto que las sociedades la instauran para lidiar mejor con sus recursos y sus necesidades materiales, pero al mismo tiempo *natural*, porque no puede dejar de surgir en una sociedad de seres dotados con la sensibilidad suficientes para distinguir cuándo están mejor satisfechos y cuando no. Bastan estas dos facultades, y la capacidad para comunicarse sus sentimientos, para que estos seres encuentren evolutivamente mejores ordenamientos de la propiedad y escalen sin proponérselo a niveles de mayor satisfacción. Una virtud que es simultáneamente natural y artificial, en los sentidos anteriormente mencionados, puede denominarse más propiamente *convencional*.

Cito ahora el pasaje más importante en mi opinión de todo el *Tratado*, aquél en donde Hume adelanta la idea de la convención. Refiriéndose a los graves defectos que plagan la condición de los hombres en esta Tierra, Hume afirma:

El remedio no se deriva […] de la naturaleza, sino del *artificio*; o bien, hablando con más propiedad: la naturaleza proporciona un remedio en el juicio y el entendimiento para lo que resulta irregular e inconveniente en las afecciones [las pasiones e instintos]. En efecto, una vez que los hombres llegan a darse cuenta de las ventajas que resultan de la sociedad, gracias a su temprana educación dentro de ella [y una vez que] advierten que la principal perturbación de la sociedad proviene de [la movilidad de] los bienes […] externos, […] se afanan entonces por buscar remedio a la movilidad de estos bienes […] Y esto no puede hacerse de otra manera que mediante la convención, en la que participan todos los miembros de la sociedad, consistente en conferir estabilidad a la posesión de estos bienes externos […] Dicha restricción no está en oposición completa con nuestras pasiones, porque si así fuera no se habría establecido ni mantenido, sino que solamente es contraria a los movimientos ciegos e impetuosos de éstas […]

Esta convención no tiene la naturaleza de una promesa, pues hasta las *promesas* surgen de convenciones humanas. La convención consiste únicamente en un sentimiento general de interés común: todos los miembros de la sociedad se comunican mutuamente este sentimiento, que les induce a regular su conducta mediante ciertas reglas. Yo me doy cuenta de que redundará en mi provecho el que deje gozar a otra persona de la posesión de sus bienes, *dado que* esa persona actuará de la misma manera conmigo. También el otro advierte que una regulación similar de su conducta le reportará un interés similar. Una vez que este común sentimiento de interés ha sido mutuamente expresado y nos resulta conocido a ambos, produce la resolución y conducta correspondiente. Y esto es lo que puede ser denominado con bastante propiedad convención o mutuo acuerdo, dado que las acciones de cada uno […] tienen referencia a las del otro […] Cuando dos hombres impulsan un bote a fuerza de remos lo hacen en virtud de un acuerdo o convención, a pesar de que no se hayan prometido nunca nada mutuamente. (TNH 2.3.2, p. 715.)

El segundo párrafo de esta cita explica la posibilidad del surgimiento de esquemas de conducta (combinaciones de reglas de conducta para dos o más participantes) mutuamente provechosos. Nos dice que un participante puede desear que la otra participante actúe de una cierta manera: la más compatible con la posibilidad de que él satisfaga sus propios deseos. También dice que, al mismo tiempo, el participante puede saber que aquélla actuará de la manera que él desea si, y sólo si, él mismo actúa de la misma manera. Y lo sabe porque puede inferir con una alta probabilidad (a) las motivaciones que ella tiene; (b) el conocimiento que ella posee de que el éxito de su conducta depende del desempeño que él tenga, y (c) la creencia que ella entretiene de que él actuará de la manera adecuada. Además sabe que si ella cree esto con tanta probabilidad, es porque él también es transparente para ella en los tres aspectos (a), (b) y (c). Lo que Hume muestra con su descripción del fenómeno de la convención es que bastan condiciones intelectuales y sensibles mínimas en los seres humanos para que éstos puedan ver unos en los otros a través de sus acciones y con ello coordinar sus conductas para el provecho mutuo. Esto a su vez explica por qué y cómo es que las sociedades de cooperación tienden a formarse y a perdurar en cualquier entorno que se preste a la explotación colectiva. Con esto, la regla de conducta que sea mutuamente beneficiosa tenderá a fijarse en el grupo (de dos o más) y procurarse a sí misma (autoestimularse) por la satisfacción misma que produce en todos los participantes y por la creciente claridad con que les hace conocerse mutuamente.

Esto significa que, en última instancia, los seres humanos tendrían las capacidades intelectuales y sobre todo sensibles para identificar *colectivamente* todas aquellas situaciones en que una conducta regular combinada resulte provechosa para todas las partes –y esto, aunque sus capacidades intelectuales y sensibles no sean aptas para hacerlo *individualmente*.

El concepto de convención es mucho más rico en consecuencias de lo que hemos podido advertir aquí, y su adecuado desarrollo abarcaría varios capítulos como éste. Baste por ahora y para concluir con decir que su principal virtud es su capacidad para explicar la agrupación de los seres humanos, atribuyendo a éstos poco más que una racionalidad limitada y asistida por la sensibilidad y la empatía.

Finalmente, quiero mencionar que este concepto de la convención ha atraído la atención de no pocos filósofos contemporáneos. El primero en abordarlo nuevamente fue Thomas Schelling, en un libro de 1963 llamado *La estrategia del con-flicto*. En 2005, Thomas Schelling compartió el premio Nóbel de economía "por haber ampliado –según la Academia sueca– nuestra comprensión del conflicto y la cooperación analizándolos mediante la teoría de juegos". En 1969, basándose en los resultados de Schelling, el filósofo David K. Lewis escribió una obra enteramente dedicada a la cooperación espontánea, cuyo título es precisamente *Convention*. Desde entonces, este fenómeno, que Hume anunció como el cemento que une a los hombres en sociedades y como el simple y constante mecanismo que subyace hasta a nuestras más complejas empresas colectivas (como el lenguaje, los contratos, el gobierno, etc.), no ha dejado de intrigar a los filósofos.

Obras mencionadas

(IEH) David Hume, *Investigación sobre el conocimiento humano*, trad. de Jaime de Salas Ortueta, Madrid, Alianza Editorial, 1981. (El título original es *Enquiry Concerning the Human Understanding*, y por consiguiente debería traducirse como *Investigación sobre el entendimiento humano*, de ahí que lo abreviemos como IEH.)

(*Comp.*) David Hume, Un compendio de un tratado de la naturaleza humana de 1740: un panfleto, hasta ahora desconocido, reimpreso con una introducción por J. M. Kaynes y P. Sraffa, version castellana de Carmen García Trevijano y Antonio García Artal, Valencia, Revista Teorema, 1977.

(TNH) David Hume, *Tratado de la naturaleza humana*, ed. y trad. Félix Duque, Madrid, Editora Nacional, 1977, 2 tomos. Todas las referencias a esta obra tienen tres dígitos (e.g. TNH 1.2.3), correspondientes al libro, la parte y la sección respectivamente.

(*Contrato*) David Hume, "Del contrato original", en *Ensayos políticos*, trad. César Armando Gómez, Madrid, Tecnos, 1987, pp. 97-115.

Bibliografía de Adam Ferguson

Ferguson, A. (1745), *A Sermon Preached in the Ersh Language to His Majesty's First Highland Regiment of Foot, Commanded by Lord John Murray, at their Cantonment at Camberwell, on the 18th day of December,* 1745, trad. al inglés por el mismo autor, Londres, Andrew Millar.

__________ (1756), *Reflections Previous to the Establishment of a Militia,* Londres, R. and J. Dodsley.

__________ (1757), *The Morality of Stage Plays Seriously Considered,* Edimburgo.

__________ (1761), *The History of the Proceedings in the Case of Margaret, Commonly Called Peg, Only Lawful Sister of John Bull, Esq.,* Londres, W. Owen. Aquí se sigue:
(1982), *A Sister Peg: A Pamphlet Hitherto Unknown by David Hume,* ed., intr. y notas de David R. Raynor, Cambridge, Cambridge University Press. (La autoría de este escrito está en discusión.)

__________ (1766), *Analysis of Pneumatics and Moral Philosophy. For the Use of Students in the College of Edinburgh.* Publicado más tarde como (1769): *Institutes of Moral Philosophy. For the Use of Students in the College of Edinburgh.* Aquí se sigue:
(1994), en Londres, Routledge/Thoemmes Press.

__________ (1767), *An Essay on the History of Civil Society*, Londres, A. Millar & T. Cadell. Aquí se siguen las siguientes ediciones:

(1966) *An Essay on the History of Civil Society*, ed. e introd. de Duncan Forbes, Edimburgo, University Press Edinburgh.

(1997), *An Essay on the History of Civil Society*, introd. de Fania Oz-Salzberger, Cambridge, Cambridge University Press.

(2010), *Un ensayo sobre la historia de la sociedad civil*, ed. introd. y trad. de María Isabel Wences Simon, Madrid, Akal.

__________ (1769), *Institutes of Moral Philosophy. For the Use of Students in the College of Edinburgh*, Edimburgo, A. Kincaid & J. Bell. Aquí se sigue:

(1994), *Institutes of Moral Philosophy*, Londres, Tokyo, Routledge/Thoemmes Press, Kinokuniya Company Ltd.

__________ (1776), *Remarks on a Pamphlet Lately Published by Dr. Price*, Intitled *Observations on the Nature of Civil Liberty, the Principles of Government, and the Justice and Policy of the War with America, etc.,* In a *Letter from a Gentleman in the Country to a Member of Parliament*, Londres, T. Cadell.

__________ (1783), *The History of the Progress and Termination of the Roman Republic*, tres volúmenes, Londres, W. Strahan & T. Cadell. Aquí se sigue:

(1834), *The History of the Progress and Termination of the Roman Republic*, Londres, Jones and Company.

__________ (1792), *Principles of Moral and Political Science*, 2 vols., Londres, A. Strahan and T. Cadell. Aquí se sigue:

(1973), *Principles of Moral and Political Science*, 2 vols., prefacio de Lawrence Castiglione, Nueva York, Ams Press.

__________ (1801), "Minutes of the Life and Character of Joseph Black, M. D.", *Transactions of the Royal Society of Edinburgh*, núm. v, parte 3, pp. 101-117.

__________ (1817), *Biographical Sketch, or Memoir, of Lieutenant-Colonel Patrick Ferguson: Originally Intended for the British Encyclopaedia*, Edimburgo, John Moir.

__________ (1986), *The Unpublished Essays of Adam Ferguson*, 3 vols., originales localizados en los Archivos de la Biblioteca de la Universidad de Edimburgo, transcripción y comentarios de Winifred Philip.

Los escritos inéditos, ordenados de acuerdo con el número que les asignó Ferguson, son:

1. "Of Perfection and Happiness". Vol. 2.

2. "What May be Affirmed or Apprehended of the Supreme Creative Being". Vol. 2.

3. "Of History and its Appropriate Style". Vol. 2.

4. "Of Statesmen and Warriors". Vol. 3.

5. "An Excursion in the Highlands: Discourse on Various Subjects". Vol. 3. Una parte de este ensayo con un estudio introductorio de Mossner se encuentra publicado en:

Mossner, E. (1969), "Adam Ferguson's Dialogue on a Highland Jaunt with Robert Adam, William Cleghorn, David Hume, and William Wilkie", en *Restoration and Eighteenth-Century Literature: Essays in Honor of Allan Dugald McKillop*, C. Camden (ed.), Chicago. University of Chicago Press, pp. 297-308.

6. "Of Happiness and Merit". Vol. 1.

7. "Distinction of Value and its Source in Existence". Vol. 1.

8. "Of the Comparative Forms of Being". Vol. 2.

9. "Reputed Pleasures of Imagination". Vol. 2.

10. "Of Wisdom". Vol. 1.

11. "Of the Categories or Constituents of Discourse and Fabrick [*sic*] of Thought". Vol. 3.

12. "Of the Distinction which mankind Experience or Apprehend in the Nature of Things to direct them in what they Pursue or Avoid". Vol. 1.

13. "Of Cause and Effect Ends and Means, Order, Combination and Design". Vol. 2.

14. "Of the French Revolution with its Actual and Still Impending Consequences in Europe". Vol. 2.

15. "Of the Separation of Departments, Professions and Tasks Resulting from the Progress of Arts in Society". Vol. 2, publicado

en (1987), *Kochi University Review Of Social Science*, núm. 29, julio, pp. 71-85, Yasuo Amoh (ed.).

16."Of the Freedom of Wit and Humour and their Value as a Test of Rectitude, Truth". Vol. 1.

17."Waking Dreams". Vol. 3.

18."Of the Distinctions on which we Act in Human Life". Vol. 1.

19."Of the Categories". Vol. 2.

20."Of the Distinctions on which it is the Lot of Man to deliberate". Vol. 3.

21."Of the Intellectual System". Vol. 1.

22."Of the Sciences of which the Subject is Mind". Vol. 1.

23."Of Good & Evil. Perfection and Defect". Vol. 3.

24."Of the First Law of Living Nature Preserve Thyself". Vol. 1.

25."Of the Principle of Moral Estimation. A Discourse Between David Hume, Robert Clerk and Adam Smith". Vol. 2, publicado en (1960), en *Journal of the History of Ideas*, E. Campbell Mossner (ed.), núm. 21, pp. 222-232 (Sin fecha exacta original.)

26."Of Liberty and Necessity". Vol. 1.

27.Part One "Of Things that are or May Be". Vol. 3, part Two "Of Things that are or May Be". Vol. 3.

28"Of Nature and Art". Vol. 3.

29."Of the Different Aspects of Moral Science". Vol. 1.

30."Of the Laws of Nature in the Department of Active Man". Vol. 3.

31."Of the Intellectual or Conscious Powers: Conceptive, Cognitive and Spontaneous". Vol. 3.

32."Characteristics of Man's Nature". Vol. 3.

Estos Ensayos han sido recientemente publicados en (2006), *The Manuscripts of Adam Ferguson*, Vicenzo Merolle (ed.), Londres, Pickering & Chatto.

Ferguson, A. (1995), *The Correspondence of Adam Ferguson*, 2 vols., Vincenzo Merolle (ed.) e introd. de Jane Fagg, Londres, William Pickering & Chatto.

Bibliografía general sobre Ferguson

Allan, D. (2006), *Adam Ferguson*, Edimburgo, Aberdeen, Edinburgh University Press, Centre for Irish and Scottish Studies.

__________, (2008), "Ferguson and Scottish History: Past and Present in An Essay on the History of Civil Society", en Eugene Heath y Vicenzo Merolle (eds.), *Adam Ferguson: History, Progress and Human Nature*, Londres, Pickering & Chatto, pp. 23-38.

Barber, B. (1980), Recensión de *An Essay on the History of Civil Society* de Adam Ferguson, en *Contemporary Sociology*, vol. 9, núm. 2, marzo, pp. 258-259.

Barry, N. (1997), "La tradición del orden espontáneo", en *Acta Académica* [en línea], Universidad Autónoma de Centro América, núm. 21, <http://www. uaca.ac.cr/acta/1997nov/norman. html> [Consulta: 05/03/1999].

Bartolommei, S. (1979), "Forza del 'Progetto', Potere delle 'Circostanze' e Teoria del 'Progresso' en *An Essay on the History of Civil Society*", en *Pensiero Politico*, vol. 2, núm. 12, pp. 344-360.

__________ (1985), "Adam Ferguson Critico delle 'Notions of Vulgar Minds'", en *Pensiero Politico*, vol. 2, núm. 18, pp. 164-181.

Béjar, H. (2000), *El corazón de la República. Avatares de la virtud política*, Barcelona, Paidós.

Benton, T. (1978), "How Many Sociologies?", en *Sociological Review*, vol. 26, pp. 217-236.

__________ (1990), "Adam Ferguson and the Enterprise Culture", en P. Hulme y L. Jordanova (eds.), *The Enlightenment and its Shadows*, Londres y Nueva York, Routledge, pp. 101-120.

Bernstein, J. A. (1978), "Adam Ferguson and the Idea of Progress", en *Studies in Burke and His Time*, vol. 19, núm. 2, pp. 99-118.

Berry, C. (1986), *Human Nature*, Londres, Macmillan.

__________ (1986), Recensión de "The Nature of Wealth and the Origins of Virtue: Recent Essays on the Scottish Enlightenment", en *History of the European Ideas*, vol. 7, núm. 1, pp. 85-99.

__________ (1994), *The Idea of Luxury: A Conceptual and Historical Investigation*, Cambridge, Cambridge University Press.

__________ (1997), *Social Theory of the Scottish Enlightenment*, Edimburgo, Edinburgh University Press.

Bock, G., Q. Skinner y M. Viroli (eds.) (1990), *Machiavelli and Republicanism*, Cambridge, Cambridge University Press.

Bottomore, T. (1960), "The Ideas of the Founding Fathers", en *European Journal of Sociology*, núm. 1, pp. 33-49.

__________ y R. Nisbet (1978), *Historia del análisis sociológico*, trad. de L. Wolfson y otros, Buenos Aires, Amorrortu.

Bouet, H. (1898): "Adam Ferguson et ses idées politiques et sociales", en *Journal des Économistes*, serie 5, vol. 36, diciembre, París, pp. 321-334.

Brewer, J. (1986): "Adam Ferguson and the Theme of Exploitation", en *The British Journal of Sociology*, vol. xxxviii, núm. 4, pp. 461-478.

__________ (1987), "The Scottish Enlightenment", en A. Reeve (ed.), *Modern Theories of Exploitation*, Londres, Sage, pp. 6-29.

__________ (1989), "Conjectural History, Sociology and Social Change in Eighteenth-Century Scotland: Adam Ferguson and the Division of Labour", en D. McCrone, S. Kendrick y P. Straw (eds.), *The Making of Scotland: Nation, Culture and Social Change*, Edimburgo, Edinburgh University Press & The British Sociological Association, pp. 13-30.

Brewer, A. (1999), "Adam Ferguson, Adam Smith, and the Concept of Economic Growth", en *History of Political Economy*, vol. 2, núm. 31, pp. 237-254.

__________ (2007), "Putting Adam Ferguson in His Place", *British Journal of Sociology*, núm. 58, pp. 105-122.

__________ (2008), "Ferguson's Epistolary Self", en Eugene Heath y Vicenzo Merolle (eds.), *Adam Ferguson: History, Progress and Human Nature*, Londres, Pickering & Chatto, pp. 7-22.

Broadie, A. (ed.) (1997), *The Scottish Enlightenment: an Anthology*, Edimburgo, Canongate Classics.

__________ (1997), Introducción a *The Scottish Enlightenment: an Anthology*, A Broadie (ed.), Edimburgo, Canongate Classics.

Bryson, G. (1932): "Sociology Considered as Moral Philosophy", en *Sociological Review*, vol. 24, pp. 22-36.

__________ (1939), "Some Eighteenth-Century Conceptions of Society", en *Sociological Review*, vol. 31, pp. 401-421.

__________ (1968), *Man and Society: The Scottish Inquiry of the Eighteenth Century*, Nueva York, Augustus M. Kelley.

Buchan, B. (2005), "Enlightened Histories: Civilization War and the Scottish Enlightenment", en *The European Legacy*, núm. 10, vol. 2, pp. 177-192.

Callinicos, A. (1999), *Social Theory. A Historical Introduction*, Cambridge, Polity Press.

Campbell, R. H. y A. S. Skinner (eds.) (1982), *The Origins and Nature of the Scottish Enlightenment*, Edimburgo, John Donald.

Canel, M. J. (1993), *La opinión pública: estudio del origen de un concepto polémico en la Ilustración escocesa*, Pamplona, Ediciones Universidad de Navarra.

Carrive, P. (1992), Voz "Adam Ferguson", en J-F. Mattéi (ed.), *Les Oeuvres Philosophiques, Dictionnaire*, I, *Philosophie occidentale: IIIe millénaire av. J.C.-1889*, París, Presses Universitaires de France (PUF).

Castiglione, L. (1973), Prefacio a *Principles of Moral and Political Science de* A. Ferguson, Nueva York, AMS Press.

Chialvo, G. (1928), "Lo Stato Secondo Adamo Ferguson", en *Studi Senesi*, vol. XLII, pp. 39-53.

Chitnis, A. (1976), *The Scottish Enlightenment: A Social History*, Londres, Croom Helm.

Cohen, J. y A. Arato (1994), *Civil Society and Political Theory*, Cambridge, Mass., Londres, Inglaterra, The MIT Press.

Colas, D. (1992), *Le glaive et le fléau, généalogie du fanatisme et de la société civile*, París, Grasset.

Copley, S. (1989), "The Philosopher and the Polite Reader in Commercial Society: Hume, Ferguson and Smith", en *Transactions of the Seventh International Congress on the Enlightenment, Studies on Voltaire and the Eighteenth Century*, núm. 263, pp. 47-49.

Emerson, R. L. (1983), Recensión de *Sister Peg: A Pamphlet Hitherto Unknown by David Hume*, ed., intr. y notas de D.R. Raynor, en *Hume Studies*, núm. 10, pp. 74-81.

__________ (1986), "Natural Philosophy and the Problem of the Scottish Enlightenment", en *Studies on Voltaire and the Eighteenth Century*, núm. 242, pp. 243-288.

__________ (2003), "The Contexts of the Scottish Enlightenment", en A. Broadie (ed.) *The Cambridge Companion to the Scottish Enlightenment*, Cambridge, Cambridge University Press.

Fagg, J. (1968), *Adam Ferguson: Scottish Cato*, tesis doctoral, University of North Carolina at Chapel Hill.

__________ (1995), Introducción a *The Correspondence of Adam Ferguson*, V. Merolle (ed.), 2 vols., Londres, Pickering & Chatto, pp. XIX-CXVII.

__________ (2000), "An 'Ingenious Literary Production': Adam Ferguson and the Carlisle Commission Manifesto", en *Scotia:*

Interdisciplinary Journal of Scottish Studies, núm. 24, pp. 1-14.

Ferrarotti, F. (1984), "Civil Society and State Structure in Creative Tension: Ferguson, Hegel, Gramsci", en *State, Culture and Society*, núm. 1, vol. 1, pp.3-25.

Ferrone, V. y D. Roche (eds.) (1998), *Diccionario histórico de la Ilustración*, trad. de J. L. Gil Aristu, Madrid, Alianza.

Finlay, C. (2006), "Rhetoric and Citizenship in Adam Ferguson's Essay on the History of Civil Society", en *History of Political Thought*, núm. 27, vol. 1, primavera, pp. 27-49.

Forbes, D. (1966), Introducción a *An Essay on the History of Civil Society* de A. Ferguson, Edimburgo, Edinburgh University Press.

__________ (1967), "Adam Ferguson and the Idea of Community", en D. Young (ed.), *Edinburgh in the Age of the Reason. A Commemoration*, Edimburgo, Edinburgh University Press, pp. 40-47.

Gautier, C. (1992a), Introducción a *Essai sur l'histoire de la société civile* de A. Ferguson, París, PUF.

__________ (1992b), "De la liberté chez les Modernes: Ferguson, critique de la modernité", en *Droits. Revue Française de Droit Juridique*, núm. 15, pp. 125-140.

__________ (1993), *L'invention de la société civile*, Paris, PUF.

Gay, P. (1967), *The Enlightenment: An Interpretation,* t. I: *The Rise of Modern Paganism*, Nueva York y Londres, W. W. Norton and Company.

__________ (1969), *The Enlightenment: An Interpretation,* t. II: *The Science of Freedom*, Nueva York y Londres, W. W. Norton and Company.

Gellner, E. (1996), *Condiciones de la libertad. La sociedad civil y sus rivales*, trad. de C. Salazar, Madrid, Paidós.

__________ (1997), "Adam Ferguson y la sorprendente solidez de la sociedad civil", en *Metapolítica*, vol. 1, núm. 2, abril-junio, pp. 199-209.

Geuna, M. (1984), "Adam Ferguson ed il problema della divisione del lavoro: l' analisi delle 'nazioni commerciali' nell' Essay on the History of Civil Society", en *Annali della Fondazione Luigi Einaudi*, núm. 18, pp. 243-271.

__________ (2002), "Republicanism and Commercial Society in the Scottish Enlightenment: The Case of Adam Ferguson", en M. van Gelderen y Q. Skinner (eds.), *Republicanism: A Shared European Heritage*, vol. 2, Cambridge, Cambridge University Press, pp. 177-196.

Giner, S. (1987): *Ensayos Civiles*, Barcelona, Península.

__________ (1992), *Historia del pensamiento social*, Barcelona, Ariel.

__________ (1996), "Sociedad civil", en E. Díaz. y A. Ruíz Miguel (eds.), *Enciclopedia Iberoamericana de Filosofía*, núm. 10, *Filosofía Política II. Teoría del Estado*, Madrid, Trotta y Consejo Superior de Investigaciones Científicas, pp. 117-146.

__________ (1998), "Las razones del republicanismo", en *Claves de Razón Práctica*, núm. 81, abril, pp. 2-13.

Gusdorf, G. (1973), *L'avènement des sciences humaines au siècle des lumières*, París, Payot.

Haakonssen, K. (1988), "Moral Philosophy and Natural Law: From the Cambridge Platonists to the Scottish Enlightenment", en *Political Science*, núm. 40, pp. 97-110.

__________ (1996), *Natural Law and Moral Philosophy. From Grotius to the Scottish Enlightenment*, Cambridge, Cambridge University Press.

__________ (1998), *L'art du législateur. La jurisprudence naturelle de David Hume et d'Adam Smith*, trad. del inglés al francés de F. Kearns, introd. de C. Gautier, París, PUF.

Hamowy, R. (1968), "Adam Smith, Adam Ferguson and the Division of Labour", en *Economica*, vol. 35, núm. 139, pp. 244-259.

__________ (1969), *The Social and Political Philosophy of Adam Ferguson: A Commentary on his Essay on the History of Civil Society*, tesis doctoral, University of Chicago.

__________ (1986), "Progress and Commerce in Anglo-American Thought: The Social Philosophy of Adam Ferguson", en *Interpretation*, núm. 14, enero, pp. 61-87.

__________ (1987), *The Scottish Enlightenment and the Theory of Spontaneous Order*, prefacio de Ian Ross, Carbondale & Edwardsville, Southern Illinois University Press.

__________ (2005), *The Political Sociology of Freedom: Adam Ferguson and F. A. Hayek*, Cheltenham, UK, Edward Elgar.

Hayek, F. (1967), *Studies in Philosophy, Politics and Economics*, Chicago, Londres, The University of Chicago Press, y Routledge & Kegan Paul.

__________ (1978), *New Studies in Philosophy, Politics, Economics and History of Ideas*, Londres, Routledge & Kegan Paul.

__________ (1985), *Derecho, legislación y libertad*, 3 vols, trad. de L. Reig Albiol, Madrid, Unión Editorial.

__________ (1998), *Los fundamentos de la libertad*, trad. de J. Vicente Torrente, Madrid, Unión Editorial.

Heath, E. (2006), "Introductory Essay: Ferguson's Moral Philosophy", en *The Manuscripts of Adam Ferguson*, Vicenzo Merolle (ed.), Londres, Pickering & Chatto, pp. XLVII-LXXVI.

__________ y V. Merolle (eds.) (2008), *Adam Ferguson: History, Progress and Human Nature*, Londres, Pickering & Chatto.

__________ (eds.) (2009), *Adam Ferguson: Philosophy, Politics and Society*, Londres, Pickering & Chatto.

Heath, E. (2009), "Ferguson and the Unintended Emergence of Social Order", en Eugene Heath y Vicenzo Merolle (eds.), *Adam Ferguson: Philosophy, Politics and Society*, Londres, Pickering & Chatto, pp. 155-168.

Hernández, J. Mª. (1992), "Republicanismo cívico y jurisprudencia civil en la Ilustración escocesa", en M. J. Agra y otros (eds.), *El pensamiento filosófico y político en la Ilustración francesa*, Santiago de Compostela, Universidad de Santiago de Compostela, pp. 239-248.

Hill, L. (1996), "Ferguson and Smith on 'Human Nature', 'Interest' and the role of Beneficence in Market Society", en *History of Economics Ideas*, núm. 4, vols. 1-2, pp. 353-399.

__________ (1996), "Anticipations of Nineteenth and Twentieth-Century Social Thought in the Work of Adam Ferguson", en *Archives Européennes de Sociologie*, vol. 1, núm. 37, pp. 203-228.

__________ (1997), "Adam Ferguson and the Paradox of Progress and Decline", en *History of Political Thought*, vol. 4, núm. 18, pp. 677-706.

__________ (2001), "Eighteenth-Century Anticipations of the Sociology of Conflict: The Case of Adam Ferguson", en *Journal of the History of Ideas*, vol. 2, núm. 62, pp. 281-299.

__________ (2001), "The Puzzle of Adam Ferguson's Political Conservatism", en *Eighteenth-Century Scotland*, núm. 15, primavera, pp. 12-17.

__________ (2006), *The Passionate Society. The Social, Political and Moral Thought of Adam Ferguson*, Dordrecht (Holanda), Springer.

__________ (2007), "Adam Smith, Adam Ferguson and Karl Marx on the Division of Labour", en *Journal of Classical Sociology*, vol. 7, núm. 3, pp. 339-366.

__________ (2009), "A Complicated Vision: The Good Polity in Adam Ferguson's Thought", en Eugene Heath y Vicenzo Merolle (eds.), *Adam Ferguson: Philosophy, Politics and Society*, Londres, Pickering & Chatto, pp. 107-124.

__________ y P. McCarthy (1999), "Hume, Smith and Ferguson: Friendship in Commercial Society", *en Critical Review of International Social and Political Philosophy*, vol. 2, núm. 4, invierno, pp. 33-49.

Hont, I. (1987), "The Language of Sociability and Commerce: S. Pufendorf and the Theoretical Foundations of the 'Four Stages' Theory", en A. Pagden (ed.), *The Languages of Political Theory in Early Modern Europe*, Cambridge, Cambridge University Press, pp. 253-276.

__________ y M. Ignatieff (eds.) (1983), *Wealth and Virtue. The Shaping of Political Economy in the Scottish Enlightenment*, Cambridge, Cambridge University Press.

Iglesias, Mª. C. (1989), "Política y virtud en el pensamiento político. Antecedentes de la filosofía política ilustrada", en *Revista del Centro de Estudios Constitucionales*, núm. 3, pp. 115-143.

__________ (1991), *Individualismo noble, individualismo burgués,* Discurso de ingreso a la Real Academia de la Historia, 4 de noviembre, Madrid.

Kalyvas, A. e I. Katznelson (1998), "Adam Ferguson Returns. Liberalism through a Glass, Darkly", en *Political Theory,* vol. 26, núm. 2, abril, pp. 173-197.

Keane, J. (1988), "Despotism and Democracy. The Origins and Development of the Distinction between Civil Society and the State 1750-1850", en J. Keane (ed.), *Civil Society and the State,* Londres, Nueva York, Verso, pp. 35-71.

Kettler, D. (1965), *The Social and Political Thought of Adam Ferguson,* Columbus, Ohio, Ohio State University Press.

__________ (1967), "The Political Vision of Adam Ferguson", en *Studies in Burke and His Time,* núm. 9, pp. 763-778.

__________ (1969), "The Uses and Abuses of Intellectual History", en *Studies in Burke and His Time,* núm. 10, pp. 1267-1274.

__________ (1977), "History and Theory in Ferguson's *An Essay on the History of Civil Society:* A Reconsideration", en *Political Theory,* vol. 5, pp. 437-460.

__________ (1978), "Ferguson's Principles; Constitution in Permanence", *Studies in Burke and His Time,* núm. 19, pp. 208-222.

__________ (2005), *Adam Ferguson: His Social and Political Thought,* Londres, Transaction Publishers.

Kinghorn, A.M. (1967), Voz "Adam Ferguson", en P. Edwards (ed.), *The Encyclopedia of Philosophy,* Nueva York, Macmillan Publisching & The Free Press, pp. 187-188.

Kugler, M. J. (1994), *Savagery, Antiquity and Provincial Identity: Adam Ferguson's Critique of Civilization,* tesis doctoral, University of Chicago.

Lee, J. (1824), Voz "Adam Ferguson", en Supplement of the Fourth, Fifth, and Sixth Editions of the *Encyclopaedia Britannica,* Edimburgo, vol. 4, pp. 239-243.

Lehmann, W. C. (1930), *Adam Ferguson and the Beginnings of Modern Sociology,* Nueva York, Columbia University Press.

__________ (1974), Voz "Adam Ferguson", en D. Sills (ed.), *Enciclopedia Internacional de las Ciencias Sociales*, Madrid, Aguilar, vol. 4, pp. 765-766.

__________ (1974), Recensión de "Adam Ferguson. Sociologia e filosofia politica" de P. Salvucci, en *History and Theory*, vol. XIII, núm. 2, pp. 165-181.

MacIntyre, A. (1994), *Justicia y racionalidad. Conceptos y contextos*, trad. de S. Alejo, Barcelona, Ediciones Internacionales Universitarias.

Macrae, D. (1966), "Adam Ferguson: Sociologist", en *New Society*, vol. 42, pp. 792-794.

__________ (1969), "Adam Ferguson", en T. Raison (ed.), *Los padres fundadores de la ciencia social*, trad. de J. Cano Tembleque, Barcelona, Anagrama.

Maravall, A. (1974), "La idea de felicidad en el programa de la Ilustración", en H. V. Sephiha (ed.), *Mélanges offerts à Charles Vincent Aubrun*, París, Éditions Hispaniques, pp. 425-462.

Mason, S. (1988), "Ferguson and Montesquieu: Tacit Reproaches?", en *British Journal for Eighteenth-Century Studies II*, otoño, pp. 193-203.

McDaniel, I. (2008), "Ferguson, Roman History and the Threat of Military Government in Modern Europe", en Eugene Heath y Vicenzo Merolle (eds.), *Adam Ferguson: History, Progress and Human Nature*, Londres, Pickering & Chatto.

Mcdowell, G. (1983), "Commerce, Virtue and Politics: Adam Ferguson's Constitutionalism", en *The Review of Politics*, núm. 45, pp. 536-552.

Meek, R. L. (1967), "La aportación escocesa a la sociología marxista", en *id., Economía e ideología y otros ensayos*, trad. de J. Sacristán, Barcelona, Ariel.

__________ (1981), *Los orígenes de la ciencia social. El desarrollo de la teoría de los cuatro estadios*, trad. de E. Pérez Sedeño, Madrid, Siglo XXI.

Merolle, V. (1994), *Saggio su Ferguson con un saggio su Millar*, Roma, Gangermi Editore.

__________ (2006), "Introductory Essay: Ferguson's Moral Philosophy", en *The Manuscripts of Adam Ferguson*, Vicenzo Merolle (ed.), Londres, Pickering & Chatto, pp. XI-LXXXVI.

__________ (2007), "Adam Ferguson, a Man of the Scottish Enlightenment, or a European Figure?", en *2000: The European Journal*, núm. 8, vol. 2, diciembre, pp. 3-5.

Mizuta, H. (1976), "Towards the Definition of the Scottish Enlightenment", en *Studies on Voltaire and the XVIII Century*, vol. 154, pp. 1459-1465.

__________ (1980), "Two Adams in the Scottish Enlightenment; Adam Smith and Adam Ferguson on Progress", en *Transactions of the Fifth International Congress on the Enlightenment*, t. II, Oxford, The Voltaire Foundation & Taylor Institution, pp. 812-819.

Nisbet, R. (1966), *La formación del pensamiento sociológico*, 2 vols., trad. de E. Molina de Vedia, Buenos Aires, Amorrortu.

__________ (1981), *Historia de la idea del progreso*, trad. de E. Hegewicz, Barcelona, Gedisa.

Oz-Salzberger, F. (1991), *Scottish Political Ideas in Eighteenth-Century Germany: The Case of Adam Ferguson*, tesis doctoral, Oxford University.

__________ (1993), "From Male Citizen to Neuter Mensch: The Emasculation of Adam Ferguson's Civic Discourse by the German Enlightenment", en *Eighteenth Century Scotland: The Newsletter of the Eighteenth-Century Scottish Studies Society*, núm. 7, pp. 5-7.

__________ (1995), *Translating the Enlightenment: Scottish Civic Discourse in Eighteenth-Century Germany*, Oxford, Clarendon Press.

__________ (1997), "Introducción" a *An Essay on the History of Civil Society* de A. Ferguson, Cambridge, Cambridge University Press.

__________ (2001), "Civil Society in the Scottish Enlightenment", en S. Kaviraj y S. Khilnani (eds.), *Civil Society. History and Possibilities*, Cambridge, Cambridge University Press, pp. 58-83.

__________ (2002), "Scots, Germans, Republic and Commerce", en M. van Gelderen y Q. Skinner (eds.), *Republicanism: A Shared European Heritage*, Cambridge, Cambridge University Press, vol. 2, pp. 197-226.

__________ (2008), "Ferguson's Politics of Action", en Eugene Heath y Vicenzo Merolle (eds.), *Adam Ferguson: History, Progress and Human Nature*, Londres, Pickering & Chatto.

Perillo, F. (1975), "Adam Ferguson e la storia della societa civile", en *Studium*, vol. 3, núm. 71, pp. 405-420.

__________ (1978), "Da Ferguson a Smith: Teoria e storia nella formazione del pensiero economico classico", en *Economia e Storia*, vol. 3, núm. 25, pp. 342-358.

Philip, W. (1985), *The Contribution of Adam Ferguson to Social Science*, tesis doctoral, University of Surrey.

Philp, M. (1998), "English Republicanism in the 1790s", en *The Journal of Political Philosophy*, núm. 6, vol. 30, pp. 235-262.

Phillipson, N.T. (1973), "Towards a Definition of the Scottish Enlightenment", en P. Fritz y D. Williams (eds.), *City and Society in the Eighteenth Century*, Toronto, Hakkert, pp. 125-147.

__________ (1981), "The Scottish Enlightenment", en R. Porter y M. Teich (eds.), *The Enlightenment in National Context*, Cambridge, Cambridge University Press, pp. 19-40.

Pocock, J. G. A. (1972), "The History of Political Thought: A Methodological Enquiry", en P. Laslett y W.G. Runcinam (eds.), *Philosophy, Politics and Society*, vol. ii, Londres, Blackwell, pp. 183-202.

__________ (1972), "Virtue and Commerce in the 18th Century", en *Journal of the Interdisciplinary History*, vol. 3, pp. 119-134.

__________ (1975), *The Machiavellian Moment: Florentine Thought and the Atlantic Republican Tradition*, Princeton, Princeton University Press.

__________ (1980), "Post-Puritan England and the Problem of the Enlightenment", en Pérez Zagorín (ed.), *Culture and Po-*

litics: From Puritanism to the Enlightenment, Berkeley, University of California Press, pp. 91-111.

__________ (1981), "The Machiavellian Moment Revisited: A Study in History and Ideology", en *Journal of Modern History*, núm. LIII, pp. 49-72.

__________ (1983), "Cambridge Paradigms and Scotch Philosophers: a Study of the Relations between the Civil Humanist and the Civil Jurisprudential Interpretation of Eighteenth-Century Social Thought", en I. Hont y M. Ignatieff (eds.), *Wealth and Virtue. The Shaping of Political Economy in the Scottish Enlightenment*, Cambridge, Cambridge University Press, pp. 235-252.

__________ (1985), *Virtue, Commerce and History*, Cambridge, Cambridge University Press.

__________ (1998), Voz "Gran Bretaña", en V. Ferrone y D. Roche (eds.), *Diccionario histórico de la Ilustración*, trad. de J. L. Gil Aristu, Madrid, Alianza, pp. 386-402.

__________ (1999), *Barbarism and Religion*, 2 vols., Cambridge, Cambridge University Press.

Raphael, D. D. (ed.) (1969), *British Moralists 1650-1800*, sel., notas comparativas e índice analítico de D.D. Raphael, 2 vols., Oxford, Oxford University Press.

__________ (1994), "Adam Ferguson's Tutorship of Lord Chesterfield", en *Studies on Voltaire and the Eighteenth Century*, vol. 323, pp. 209-223.

Raynor, D. (2008), "Ferguson's Reflections Previous to the Establishment of a Militia", en Eugene Heath y Vincenzo Merolle (eds.), *Adam Ferguson: History, Progress and Human Nature*, Londres, Pickering & Chatto.

Rendall, J. (1978), *The Origins of the Scottish Enlightenment*, Londres, The Macmillan Press.

Robbins, C. (1961), *The Eighteenth-Century Commonwealth*, Cambridge, Mass., Harvard University Press.

Roberts, T. A. (1973), *The Concept of Benevolence. Aspects of the Eighteenth-Century Moral Philosophy*, Londres, MacMillan Press.

Robertson, J. (1983), "The Scottish Enlightenment and the Limits of the Civic Tradition", en I. Hont y M. Ignatieff (eds.), *Wealth and Virtue. The Shaping of Political Economy in the Scottish Enlightenment*, Cambridge, Cambridge University Press, pp. 137-178.

__________ (1983), "Scottish Political Economy Beyond the Civic Tradition: Government and Economics Development in the Wealth of Nations", en *History of Political Thought*, vol. 4, núm. 3, pp. 451-482.

__________ (1985), *The Scottish Enlightenment and the Militia Issue*, Edimburgo, John Donald.

__________ (1985), Recensión de "Sister Peg. A Pamphlet Hitherto Unknown by David Hume", en *English Historical Review*, núm. 100, enero, pp. 191-192.

__________ (2000), "The Scottish Contribution to the Enlightenment", en P. Wood (ed.), *The Scottish Enlightenment: Essays in Reinterpretation*, Rochester, University of Rochester Press, pp. 37-62.

Ron Pedrique, M. (1991), *Los orígenes del liberalismo: Adam Ferguson y la tesis del doux commerce*, Caracas, Fundación Mirón Editores.

Salcedo, J. (1987), "La conciencia sociológica en la Ilustración escocesa", en *Anales de Estudios Económicos y Empresariales*, núm. 2, pp. 147-167.

Salvucci, P. (1972), *Adam Ferguson: Sociologia e Filosofia Politica*, Argalìa, Editore Urbino.

Schiavone, G. (1961), "Adam Ferguson e la società civile", en *Studi Politici*, vol. VIII, núm. 2.

Schneider, L. (ed.) (1967), *The Scottish Moralists on Human Nature and Society*, introd. de L. Schneider, Chicago, University of Chicago Press.

__________ (1967), Introducción a *The Scottish Moralists on Human Nature and Society*, L. Schneider (ed.), Chicago, University of Chicago Press.

Selby-Bigge, L. (ed.) (1964), *British Moralists*, dos volúmenes en uno, Indianapolis, Bobbs-Merrill Company.

Séris, J-P. (1994), *Qu'est-ce que la division du travail?: Ferguson*, París, Librairie Philosophique J. Vrin (Pré-Textes, 6).

Sher, R. B. (1985), *Church and University in the Scottish Enlightenment: The Moderate Literati of Edinburgh*, Edimburgo, Edinburgh University Press.

__________ (1989), "Adam Ferguson, Adam Smith, and the Problem of National Defence", en *Journal of Modern History*, núm. 61, vol. 2, pp. 240-268.

__________ (1990), "Professors of Virtue: The Social History of the Edinburgh Moral Philosophy Chair in the Eighteenth Century", en M. A. Stewart (ed.), *Studies in the Philosophy of the Scottish Enlightenment*, Oxford, Clarendon Press, pp. 87-126.

__________ (1994), "From Troglodytes to Americans: Montesquieu and the Scottish Enlightenment on Liberty, Virtue and Commerce", en D. Wootton (ed.), *Republicanism, Liberty and Commerce Society, 1649-1776*, Standford, Stanford University Press, pp. 368-402.

Silver, A. (1990), "Friendship in Commercial Society: Eighteenth-Century Social Theory and Modern Sociology", en *American Journal of Sociology*, núm. 95, pp. 1474-1504.

Skinner, A, (1982), "A Scottish Contribution to Marxist Sociology", en I. Bradley y M. Howard (eds.), *Classical and Marxian Political Economy: Essays in Honour of Ronald L. Meek*, Londres, The Macmillan Press, pp. 79-114.

Skinner, Q. (1969), "Meaning and Understanding in the History of Ideas", en *History and Theory*, vol. XVIII, núm. 1, pp. 3-53.

__________ (1984), *Maquiavelo*, trad. de M. Benavides, Madrid, Alianza.

__________ (1986), *Los fundamentos del pensamiento político moderno*, trad. de J. J. Utrilla, 2 vols., México, FCE.

__________ (1990), "La idea de la libertad negativa. Perspectivas filosófica e histórica", en R. Rorty, J. Schneewind y Q. Skinner (eds.), *La filosofía en la historia*, trad. de E. Sinnot, Barcelona y Buenos Aires, Paidós.

__________ (1990), "The Republican Ideal of Political Liberty", en G. Bock, Q. Skinner y M. Virolli (eds.), *Machiavelli and Republicanism*, Cambridge, Cambridge University Press.

Small, J. (1864), "Biographical Sketch of Adam Ferguson", en *Transactions of Royal Society of Edinburgh,* vol. 23, pp. 599-665.

Smith, C. (2006), "Adam Ferguson and the Danger of Books", en *Journal of Scottish Philosophy*, núm. 4, vol. 4, pp. 93-109.

__________ (2008), "Adam Ferguson and the Active Genius of Mankind", en Eugene Heath y Vincenzo Merolle (eds.), *Adam Ferguson: History, Progress and Human Nature*, Londres, Pickering & Chatto, pp. 157-170.

Smouth, T. (1963), "The Anglo-Scottish Union of 1707. The Economic Background", en *Economic History Review*, núm. 16, pp. 455-467.

Stein, P. (1970), "Law and Society in Eighteenth-Century Scottish Thought", en N. Phillipson y R. Mitchison (eds.), *Scotland in the Age of Improvement*, Edimburgo, Edinburgh University Press, pp. 148-168.

Stewart, M. A. (1990), "Introducción" a *Studies in the Philosophy of the Scottish Enlightenment*, M. A. Stewart (ed.), Oxford, Clarendon Press, pp. 1-10.

Swingewood, A. (1968), *The Scottish Enlightenment and the Rise of Sociology*, tesis doctoral, University of London.

__________ (1970), "Origins of Sociology: the Case of the Scottish Enlightenment", en R. Boudon, M. Cherkaoui y J. Alexander (eds.), *The Classical Tradition in Sociology: the European Tradition*, Londres, Sage, pp. 135-151.

__________ (1984), *A Short History of Sociological Thought*, Londres, Macmillan.

Taylor, Ch. (1997), "Invocar la sociedad civil", en *id.*, *Argumentos filosóficos*, trad. de F. Birulés, Barcelona, Paidós, pp. 269-292.

Varty, J. (1997), "Civic or Comercial? Adam Ferguson's Concept of Civil Society", en *Democratization*, vol. 1, núm. 4, pp. 29-48.

Vega M. F. (2002), "La sociedad civil en la concepción de Adam Ferguson" [en línea] <http://www.members.tripod.cl/derechoulare/Ferguson.htm> [Consulta: 03/06/2002].

Viroli, M. (1997), *Por amor a la patria*, trad. de P. Alfaya, Madrid, Acento Editorial.

Waszek, N. (1988), *The Scottish Enlightenment and Hegel's account of "Civil Society"*, Dordrecht, Kluwer Academic Publishers.

Wences Simon, Mª.I. (2006), *Sociedad civil y virtud cívica en Adam Ferguson*, Centro de Estudios Políticos y Constitucionales, Madrid.

__________ (2006), "Adam Ferguson y la difícil articulación entre el comercio y la virtud", en *Polis* (Revista Académica de la Universidad Bolivariana, Chile), vol. 5, núm. 14, pp. 431-443.

__________ (ed., est. introd. y trad.) (2007), *Teoría social y política de la Ilustración escocesa. Una antología,* Madrid, Plaza y Valdés y CSIC.

__________ (2009), *Hombre y sociedad en la Ilustración escocesa*, México, Fontamara (Colección Biblioteca de Ética, Filosofía del Derecho y Política, núm. 108).

__________ (ed., introd. y trad.) (2010), *Ensayo sobre la historia de la sociedad civil de Adam Ferguson*, Madrid, Akal.

__________ (2010), "La relevancia sociológica de la Ilustración escocesa", en *Revista Internacional de Sociología*, núm. 68, vol. 4, enero-abril, pp. 37-56.

Withrington, D. J. (1988), "What Was Distinctive about the Scottish Enlightenment?", en J. Carter y J. Pittock (eds.), *Aberdeen and the Enlightenment*, Aberdeen, The University Press Aberdeen, pp. 9-17.

Wood, P. (ed.) (2000), *The Scottish Enlightenment: Essays in Reinterpretation*, Rochester, University of Rochester Press.

ISABEL WENCES

Doctora en Derechos Fundamentales por la Universidad Carlos III de Madrid. Licenciada y maestra en Ciencia Política por la Universidad Nacional Autónoma de México. Profesora de Ciencia Política en la Universidad Carlos III de Madrid, ha sido investigadora invitada en la Université du Québec à Montréal durante el curso 2007-2008 en el marco del Programa José Castillejo del Ministerio de Educación y Ciencia.

Su tesis doctoral *La Ilustración escocesa y el pensamiento de Adam Ferguson* recibió los premios Nicolás Pérez Serrano del Centro de Estudios Políticos y Constitucionales, de la Asociación Española de Ciencia Política para tesis doctorales y el extraordinario de doctorado de la Universidad.

Ha publicado:

- *En torno al origen del concepto moderno de sociedad civil, Locke, Ferguson, Hegel*, Madrid, Dyckinson (Cuadernos Bartolomé de las Casas), 1998.
- *Sociedad civil y virtud cívica en Adam Ferguson,* Madrid, Centro de Estudios Políticos y Constitucionales, 2006.
- *Lecturas de la sociedad civil. Aproximaciones a un mapa teórico contemporáneo de sus teorías*, Madrid, Trotta, 2007. (Coeditado con José María Sauca.)
- *Hombre y sociedad en la Ilustración escocesa*, México, Fontamara, 2009.
- *Ensayo sobre la historia de la sociedad civil de Adam Ferguson*, Madrid, Akal, 2009.

José Hernández Prado

Doctor y maestro en Filosofía por la Universidad Nacional Autónoma de México. Licenciado en Sociología por la Universidad Autónoma Metropolitana (UAM) Azcapotzalco. Profesor-investigador de Tiempo Completo en el Departamento de Sociología de la misma universidad.

Miembro de la Sociedad Interamericana sobre Estudios del Tiempo; The Reid Society (asociación internacional dedicada al estudio y la difusión de la obra del filósofo escocés Thomas Reid, 1710-1796); miembro fundador de la RAAC (Asociación para la reflexión, del personal académico de la UAM) y miembro del Sistema Nacional de Investigadores.

Ha sido merecedor de los premios: Norman Sverdlin (1992-1993) a la mejor tesis de Maestría en Filosofía; Premio a la Docencia (1994), otorgado por la División de Ciencias Sociales y Humanidades de la UAM.

Ha publicado:

- *La filosofía de la cultura de Antonio Caso. La concepción casiana del conocimiento de la historia, la sociedad y la cultura*, México, UAM-Azcapotzalco, 1994.
- *Sentido común y liberalismo filosófico. Una reflexión sobre el buen juicio a partir de Thomas Reid y sobre la sensatez liberal de José María Vigil y Antonio* Caso, México, UAM-Azcapotzalco, 2002.
- *Epistemología y sentido común*, México, UAM Azcapotzalco, 2005.

Julio Beltrán

Doctor por la New School for Social Research de Nueva York, bajo la dirección de Wayne Waxman y Agnes Heller. Maestro y licenciado por la Universidad Nacional Autónoma de México. Profesor de Tiempo Completo en las áreas de Lógica, Historia de la Filosofía Moderna, Ética y Metodología, del Colegio de Filosofía de la Facultad de Filosofía y Letras de la UNAM.

La mayor parte de su investigación está dedicada a la metodología de las ciencias sociales, así como a la historia y fundamentación filosófica de las distintas teorías sobre evolución de la complejidad. También se ha concentrado en la historia de la filosofía del siglo XVII y XVIII, y en las teorías contemporáneas que intentan aprovechar los desarrollos de la teoría de juegos y la teoría evolutiva de juegos para reinterpretar estas teorías políticas.

Ha publicado:

- "Kant y sus convidados", en *Revista Digital Universitaria*, diciembre 2004.
- "La dinámica de la libertad", en *Actas del XI Congreso Nacional de Filosofía*, México, Facultad de Filosofía y Letras, UNAM y Asociación Filosófica de México, 2003.
- *La certeza, ¿un mito? Naturalismo, falibilismo y escepticismo*, IIJ-UNAM, 2002. (compilado con Carlos Pereda.)

Lectura contemporánea de los clásicos

¿Por qué leer a Alamán hoy?

Andrés Lira, Catherine Andrews, Josefina Z. Vázquez

¿Por qué leer a Bentham hoy?

José Juan Moreso, Germán Sucar

¿Por qué leer a Mill hoy?

Mark Platts, Miguel Carbonell, Juan Carlos Geneyro

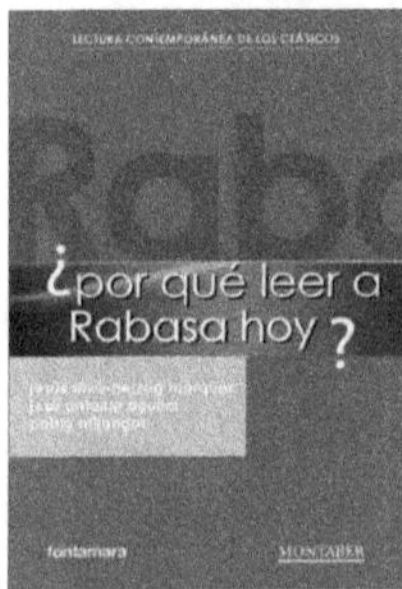

¿Por qué leer a Rabasa hoy?

Jesús Silva-Herzog Márquez, José Antonio Aguilar, Pablo Mijangos

¿Por qué leer a Rousseau hoy?

Antonella Attili, Luis Salazar Carrión, Julieta Marcone

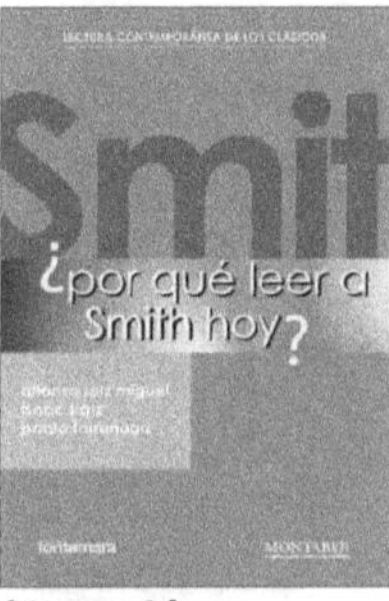

¿Por qué leer a Smith hoy?

Alfonso Ruiz Miguel, Isaac Katz, Pablo Larrañaga

¿Por qué leer a Tocqueville hoy?

Roberto Breña, Claudio López-Guerra, Jesús Silva-Herzog Márquez

¿Por qué leer a Weber hoy?

Nora Rabotnikof, Ulises Schmill, Gina Zabludovsky

¿Por qué leer El Federalista hoy?

Juan F. González Bertomeu, Gabriel L. Negretto, Andrea Pozas-Loyo

Otros títulos publicados

Amor platónico
Hans Kelsen

Análisis de un examen estandarizado
José Manuel Casillas Domínguez

Derechos humanos. Un camino hacia la pacificación
Julio Cabrera Dircio

Experiencias adversas de la seguridad del paciente
Rosa Ortiz Rivera

Nuestros niños sicarios
Elena Azaola Garrido

En guerra por la vida. Crisis climática y transformación social
Josep Cabayol

La práctica de la terapia como construcción social
Sheila McNamee, Emerson F. Rasera, Pedro Martins

El imperativo relacional Recursos para un mundo al límite
Kenneth J. Gergen

Ideología y opiniones Estudios de psicología retórica
Michael Billig

MONTABER   Tel. +34-931 429 486 – montaber@montaber.es – www.montaber.es